CB079891

A ARTE DE ESTAR COM A RAZÃO

(DIALÉTICA ERÍSTICA)

Arthur
SCHOPENHAUER

A ARTE DE ESTAR COM A RAZÃO

(DIALÉTICA ERÍSTICA)

Tradução do alemão de
RENATO ZWICK

www.lpm.com.br

L&PM POCKET

Coleção **L&PM** POCKET, vol. 1369

Título original: *Eristische Dialektik*
Texto de acordo com a nova ortografia.
Primeira edição na Coleção **L&PM** POCKET: outubro de 2024

Tradução baseada no vol. 6, editado por Franz Mockrauer, das *Obras Completas* (*Sämtliche Werke*) de Arthur Schopenhauer aos cuidados de Paul Deussen, München, Piper, 1923, p. 391-428 (texto) e 843-866 (notas do editor)

Tradução do alemão: Renato Zwick
Capa: Ivan Pinheiro Machado
Preparação: Nanashara Behle
Revisão: Mariana Donner da Costa

CIP-Brasil. Catalogação na publicação
Sindicato Nacional dos Editores de Livros, RJ.

S394a

Schopenhauer, Arthur, 1788-1860
A arte de estar com a razão: dialética erística / Arthur Schopenhauer ; tradução Renato Zwick. – 1. ed. – Porto Alegre [RS]: L&PM, 2024.
96 p. ; 18 cm. (L&PM POCKET)

Tradução de: *Eristische Dialektik*
ISBN 978-65-5666-512-2

1. Filosofia alemã. 2. Dialética. I. Zwick, Renato. II. Título. III. Série.

24-93165 CDD: 193
CDU: 1(430)

Gabriela Faray Ferreira Lopes - Bibliotecária - CRB-7/6643

Todos os direitos desta edição reservados a L&PM Editores
Rua Comendador Coruja, 314, loja 9 – Floresta – 90.220-180
Porto Alegre – RS – Brasil / Fone: 51.3225.5777

Pedidos & Depto. Comercial: vendas@lpm.com.br
Fale conosco: info@lpm.com.br
www.lpm.com.br

Impresso no Brasil
Primavera de 2024

Sumário

NOTA SOBRE A TRADUÇÃO

A presente *Dialética erística*, redigida por volta de 1830, é um texto do espólio de Schopenhauer. Como tal, apresenta vários sinais de inacabamento: notas à margem, repetições, remissões a outros textos póstumos, citações nem sempre exatas e ausência de título.

Em "Sobre lógica e dialética", capítulo dois do segundo volume de *Parerga e paralipomena* (1851), Schopenhauer esclarece por que não empreendeu a revisão do manuscrito para publicação: "Ao propor-me agora a revisar aquele meu trabalho anterior, contudo, vejo que semelhante consideração aprofundada e minuciosa dos caminhos tortuosos e dos truques de que a natureza humana vulgar se serve para ocultar suas mazelas não é mais apropriada a meu estado de espírito; deixo-o, portanto, de lado". Ainda assim, o filósofo oferece nesse capítulo de *Parerga* um esqueleto de toda controvérsia (sua "osteologia") e alguns exemplos de artifícios dialéticos a serem usados para atacar e defender-se de um adversário numa disputa.

Em 1864, quatro anos após a morte do filósofo, Julius Frauenstädt publicou o manuscrito pela primeira vez, sob o título *Eristik*, num volume dedicado a textos póstumos do autor. Em 1892, outro editor, Eduard Grisebach, voltou a publicá-lo, desta vez sob o título de *Eristische Dialektik*, em outra coletânea de textos do espólio. Esse mesmo título foi adotado em 1923 por um terceiro editor, Franz Mockrauer, baseando-se não só em Grisebach, mas sobretudo nas reiteradas indicações do próprio autor ao longo do texto a respeito do nome mais apropriado para a disciplina abordada no opúsculo.

A presente tradução se baseia na edição de Mockrauer, cujos comentários reproduz na medida do possível e do necessário nas notas de rodapé indicadas por N.E.

O título ora adotado evidencia o aspecto dúbio dos estratagemas oferecidos neste pequeno compêndio, pois acabar tendo razão ao final de um debate, "estar com a razão" (*Recht behalten*), não coincide necessariamente com "ter razão" (*Recht haben*), um resultado que, por valer-se das claras regras da lógica, não é obtido pelo recurso a alguma arte (*tékhne*, *Kunst*) que faça uso de astúcias, artimanhas ou artifícios (*Kunstgriffe*).

Renato Zwick

A arte de estar com a razão
Dialética erística

Os termos *lógica* e *dialética* já eram usados como sinônimos pelos antigos, embora λογίζεσθαι – meditar, ponderar, calcular – e διαλέγεσθαι – conversar – sejam duas coisas bem diferentes. Platão foi o primeiro (conforme relata Diógenes Laércio) a usar o nome *dialética* (διαλεκτική, διαλεκτικὴ πραγματεία, διαλεκτικὸς ἀνήρ[1]), e vemos no *Fedro*, no *Sofista*, no livro sétimo de *A república* etc. que a compreende como o uso regular da razão e a destreza nesse uso. Aristóteles emprega τὰ διαλεκτικά no mesmo sentido, mas (segundo Laurentius Valla) teria empregado inicialmente λογική[2] no mesmo sentido; encontramos nele λογικὰς δυσχερείας, isto

---

1. Dialética, atividade dialética, homem dialético. (N.E.)

2. Lógica. (N.E.)

é, *argutias*, πρότασιν λογικήν, ἀπορίαν λογικήν.[3] – Por conseguinte, διαλεκτική seria mais antigo que λογική. Cícero e Quintiliano usam *dialectica* e *logica* no mesmo sentido geral. Cícero afirma em *Lúculo*: *Dialecticam inventam esse, veri et falsi quasi disceptatricem.*[4] – *Stoici enim judicandi vias diligenter persecuti sunt, ea scientia, quam* Dialecticen *appellant.*[5] Cícero, *Tópicos*, 2. – Quintiliano, XII, 2: *itaque haec pars* dialecticae, *sive illam* disputatricem *dicere malimus:*[6] esta última lhe parece portanto o equivalente latino de διαλεκτική. (Até aqui conforme *Petri Rami dialectica, Audomari Talaei praelectionibus illustrata*, 1569.) Esse uso das palavras *lógica* e *dialética* como si-

---

3. Dificuldades lógicas, isto é, argúcias, premissa lógica, aporia lógica. (N.E.)

4. A dialética foi inventada como decisora, por assim dizer, entre o verdadeiro e o falso. (N.E.)

5. Pois, com a ajuda daquela ciência que chamam de *dialética*, os estoicos perseguiram diligentemente os métodos do julgar. (N.E.)

6. Daí essa parte da *dialética*, ou, caso se prefira dizer desta forma, a *arte de disputar*. (N.E.)

nônimos também se manteve na Idade Média e, até hoje, na época moderna. Contudo, na época moderna "dialética" foi usado com mais frequência, particularmente por Kant, no sentido pejorativo de "arte sofística da disputa", preferindo-se assim a denominação "lógica" por ser mais inocente. No entanto, os dois termos significam a mesma coisa desde o berço e, nos últimos anos, também foram outra vez considerados sinônimos.

É uma lástima que *dialética* e *lógica* sejam usados como sinônimos desde a Antiguidade e que por isso eu não tenha exatamente a liberdade de distinguir seus significados como de outra forma gostaria, *definindo* "lógica" (de λογίζεσθαι – refletir, calcular –, de λόγος – palavra e razão,[7] que são inseparáveis) como "a ciência das leis do pensar, isto é, do modo de proceder da razão", e "dialética" (de διαλέγεσθαι – conversar –; porém, toda conversa comunica ou fatos ou opiniões, quer dizer, é histórica ou deliberativa) como "a arte

7. Trata-se aqui da faculdade da razão (*Vernunft*), a não ser confundida com "ter razão" (*Recht haben*) e "acabar tendo razão" (*Recht behalten*). (N.T.)

de disputar" (esta palavra compreendida no sentido moderno). – De modo evidente, a lógica tem então um objeto puramente *a priori*, determinável sem intervenção empírica: as leis do pensar, o proceder da *razão* (do λόγος), que esta segue quando entregue a si mesma e sem ser perturbada, ou seja, no pensar solitário de um ser racional que por nada é ludibriado. Em contrapartida, a *dialética* trataria do encontro de *dois* seres racionais que, por conseguinte, pensam juntos, donde, tão logo não concordem como dois relógios sincronizados, resulta uma disputa, isto é, uma luta intelectual. Como *razão pura*, ambos os indivíduos deveriam estar de acordo. Suas divergências resultam da diferença que é essencial à individualidade, e são, portanto, um *elemento empírico*. A *lógica*, ciência do pensar, isto é, do proceder da razão pura, seria portanto construível puramente *a priori*; a *dialética*, em grande parte, apenas *a posteriori*, a partir do conhecimento empírico das perturbações que o pensar puro sofre graças à diferença de individualidade quando dois seres racionais pensam juntos e dos meios que os indivíduos usam uns contra os outros para impor seu pensar individual como sendo o pensar puro e objetivo. Pois é inerente à natureza humana que quando, ao pensar conjuntamente, διαλέγεσθαι, isto é, ao comunicar opiniões (excluindo-se os diálogos históricos), A tomar conhecimento de que os pensamentos de B sobre o mesmo tema diferem dos seus próprios, ele não revise de início seu próprio pensar a fim de encontrar o erro, mas pressuponha que este se encontre no pensar alheio: isto é, por natureza o ser humano tem *mania de estar com a razão*: e o que resulta dessa peculiaridade é ensinado pela disciplina que eu gostaria de chamar de *dialética*, mas que, para evitar mal-entendidos, chamarei de *dialética erística*. Por conseguinte, esta seria a doutrina do proceder da mania de estar com a razão, mania natural ao ser humano.

A *dialética erística*[8] é a arte de disputar, e, mais exatamente, de disputar de tal modo a se

8. [Antes disso, o acréscimo:] Entre os antigos, *lógica* e *dialética* são usados na maioria das vezes como sinônimos; entre os modernos, igualmente. [Segue-se, riscado à tinta:] Eu, porém, digo (N.A.)

acabar tendo *razão*, ou seja, *per fas et nefas*.[9,10]

---

9. Pelo lícito e pelo ilícito. (N.E.)

10. *Erística* seria apenas uma palavra mais dura para a mesma coisa.

Aristóteles (segundo Diógenes Laércio, V, 28) reuniu retórica e dialética, cuja finalidade seria a persuasão, τὸ πιθανόν; em seguida, analítica e filosofia, cuja finalidade seria a verdade. – Διαλεκτικὴ δέ ἐστι τέχνη λόγων, δἰ ἧς ἀνασκευάζομέν τι ἢ κατασκευάζομεν, ἐξ ἐρωτήσεως καὶ ἀποκρίσεως τῶν προσδιαλεγομένων [A dialética é uma arte do discurso pela qual refutamos ou afirmamos algo mediante demonstração, e, mais exatamente, por meio de perguntas e respostas dos dialogadores]. Diógenes Laércio, III, 48, em "Vida de Platão". Aristóteles, entretanto, distingue: 1) a *lógica* ou analítica como a teoria ou a instrução para chegar a silogismos verdadeiros, os apodícticos; 2) a *dialética* ou a instrução para chegar a silogismos considerados verdadeiros, correntes como tais – ἔνδοξα, *probabilia* (*Tópicos*, I, 1 e 12) –, o que, no entanto, não significa que sejam falsos, mas tampouco que sejam verdadeiros (em si mesmos), pois não é isso o que importa. Mas o que é isso senão a arte de acabar tendo razão, pouco importando se no fundo se tem razão ou não? Ou seja, a arte de obter a aparência da verdade, sem se preocupar com a coisa. Daí o que foi dito no início. Na realidade, Aristóteles divide os (cont.)

Pois pode-se ter razão *objective*[11] no assunto propriamente dito, e, contudo, não estar com a razão aos olhos dos circunstantes, e, por vezes, até mesmo aos próprios olhos. A saber, quando o adversário refuta minha demonstração e isso for considerado como refutação da afirmação em si mesma, para a qual, contudo, pode haver outras demonstrações; caso em que, naturalmente, a situação se inverte para o adversário: ele acaba tendo razão mesmo que objetivamente não a tenha. Ou seja, a verdade objetiva de uma proposição e sua validade

---

(cont.) silogismos em lógicos, dialéticos, como acabou de ser dito, e, além disso, 3) em *erísticos* (*erística*), nos quais a forma silogística está correta, mas as proposições em si mesmas, a matéria, não são verdadeiras, mas apenas parecem sê-lo, e, por fim, 4) em *sofísticos* (*sofística*), nos quais a forma silogística é falsa, embora pareça correta. Os três últimos tipos fazem parte, na verdade, da *dialética* erística, pois nenhum deles têm em vista a verdade objetiva, e sim a aparência dela, sem se preocupar com a própria verdade, almejando, pois, *acabar tendo razão*. Além disso, o livro sobre os silogismos sofísticos foi publicado apenas mais tarde: foi o último livro da dialética. (N.A.)

11. Objetivamente. (N.E.)

na aprovação dos disputantes e ouvintes são duas coisas diferentes. (A dialética se orienta à última delas.)

Donde provém isso? Da maldade natural do gênero humano. Se esta não existisse, se fôssemos radicalmente honestos, visaríamos em cada debate apenas trazer à luz a verdade, sem qualquer preocupação quanto a esta corresponder à opinião que de início apresentamos ou corresponder à do outro:[12] isso seria indiferente, ou, pelo menos, uma coisa completamente secundária. Mas, agora, é o principal. A vaidade inata, que é suscetível especialmente no que respeita às faculdades intelectuais, não quer aceitar que aquilo que afirmamos de início se revele falso, e a afirmação do adversário, correta. De acordo com isso, entretanto, cada um apenas precisaria se empenhar por julgar de modo correto: para tanto, precisaria primeiro pensar e depois falar. Mas, à vaidade inata, juntam-se, na maioria das pessoas, a tagarelice e a *desonestidade* inata. Falam antes de ter pensado e, mesmo

---

12. [Abaixo, a anotação:] (Ver a introdução de Buhle, em latim, aos *Tópicos* e às *Refutações*.) (N.A.)

que percebam depois que é falsa a afirmação que fizeram e que não têm razão, pretendem que *pareça* ser o contrário. O interesse pela verdade, que na maioria das vezes por certo foi o único motivo quando da exposição da proposição supostamente verdadeira, cede então completamente ao interesse da vaidade: o verdadeiro deve parecer falso, e o falso, verdadeiro.

Porém, mesmo essa desonestidade, o perseverar numa proposição que a nós próprios já parece falsa, ainda tem uma desculpa: muitas vezes estamos de início firmemente convencidos da verdade de nossa afirmação, mas então o argumento do adversário parece derrubá-la, e se logo abandonamos a causa dela, descobrimos depois com frequência que afinal tínhamos razão: nossa demonstração era falsa, mas podia haver uma demonstração correta para a afirmação, porém o argumento salvador não nos ocorreu logo. Por isso surge em nós a máxima de que mesmo quando o contra-argumento pareça correto e convincente convém não obstante lutar contra ele, na crença de que sua correção seja apenas aparente e de que durante a disputa ainda nos ocorrerá um argumento que o derrubará ou um que permita confirmar de outro modo nossa verdade; graças a isso, somos quase forçados, ou, pelo menos, facilmente seduzidos, à desonestidade no disputar. Dessa forma, apoiam-se mutuamente a debilidade de nosso entendimento e a perversão de nossa vontade. Daí resulta que quem disputa não lute, via de regra, pela verdade, mas por sua própria proposição, como se fosse *pro ara et focis*,[13] e proceda *per fas et nefas*, e até, como foi mostrado, não lhe seja fácil agir de outro modo.

Assim, cada um quererá, via de regra, impor sua afirmação, mesmo que naquele momento lhe pareça falsa ou duvidosa.[14] Os

---

13. Pelo altar e pelo lar. Ou seja, pela *pátria* como um todo, compreendendo o aspecto público, o altar, e o privado, o lar. (N.T.)

14. [A propósito disso, esta anotação:] Maquiavel prescreve ao príncipe que aproveite cada momento de fraqueza do vizinho para atacá-lo, pois, caso contrário, este poderá aproveitar o momento em que aquele esteja fraco. Se predominassem a lealdade e a honestidade, seria diferente: mas porque (cont.)

expedientes para tanto são colocados em certa medida nas mãos de cada um por sua própria astúcia e maldade; é o que ensina a experiência cotidiana no disputar; ou seja, cada um tem sua *dialética natural*, assim como tem sua *lógica natural*. Só que aquela nem de longe o guia com tanta segurança quanto esta. Ninguém pensará ou tirará conclusões tão facilmente contra as leis da lógica: juízos falsos são frequentes, silogismos falsos são extremamente raros. Ou seja, não é fácil que uma pessoa demonstre falta de lógica natural; em

---

(cont.) não cabe esperá-las, não se pode praticá-las, pois são mal pagas. – É exatamente assim ao disputar: se eu der razão ao adversário tão logo este pareça tê-la, ele dificilmente fará o mesmo quando o caso se inverter; ele procederá, isto sim, *per nefas*; logo, também preciso agir dessa forma. É fácil dizer que só se deve buscar a verdade, sem predileção pela própria tese: mas não se pode pressupor que o outro o fará; logo, tampouco se deve fazê-lo. Além disso, caso eu quisesse desistir de minha tese, que afinal meditei de antemão, tão logo me pareça que ele tem razão, poderia suceder facilmente que eu, desencaminhado por uma impressão momentânea, desistisse da verdade a fim de aceitar o erro. (N.A.)

contrapartida, demonstrará falta de dialética natural, que é um dom da natureza distribuído de forma desigual (nisso, é idêntica à faculdade do juízo, distribuída de forma muito desigual; a razão, no fundo, é distribuída de forma igual). Pois acontece com frequência deixar-se confundir e refutar por argumentação meramente aparente quando no fundo, se tem razão, ou o contrário: e quem sai vitorioso de uma disputa deve isso com muita frequência não tanto à correção de sua faculdade de juízo na exposição de sua proposição quanto antes à astúcia e à desenvoltura com que a defendeu. Aqui, como em todos os casos, o inato é o melhor:[15] contudo, o exercício e também a reflexão sobre as expressões com que se derruba o adversário, ou que ele, na maioria das vezes, usou para derrubar, podem contribuir muito para tornar-se mestre nessa arte. Ou seja, ainda que a lógica possa não ter uma utilidade propriamente prática, a dialética, contudo, pode tê-la. Parece-me que também

15. [Anotado à margem:] *Doctrina sed vim promovet insitam*. [Mas, mediante cultivo, ele traz à luz a força interior. Horácio, *Odes*, IV, 4, 33.] (N.A.)

Aristóteles estabeleceu sua lógica propriamente dita (analítica) sobretudo como base e preparação para a *dialética*, e que esta lhe era o principal. A lógica se ocupa da mera forma das proposições; a dialética, de sua substância ou matéria, do conteúdo; justamente por isso, a consideração da *forma*, como consideração do geral, teve de preceder a do conteúdo como consideração do particular.

Aristóteles não define o objetivo da dialética tão nitidamente como fiz: ele menciona, é verdade, que o objetivo principal é o disputar, mas, ao mesmo tempo, também a descoberta da verdade;[16] mais adiante, ele volta a dizer: as proposições devem ser tratadas filosoficamente segundo a verdade e dialeticamente segundo a aparência ou o aplauso, a opinião dos outros (δόξα), *Tópicos*, I, 12. É verdade que ele está ciente da distinção e da separação entre a verdade objetiva de uma proposição e o ato de fazê-la valer ou obter sua aprovação, porém não separa essas coisas com nitidez o bastante de modo a encarregar a dialética

16. [Anotado à margem:] *Tópicos*, I, 2. (N.A.)

apenas da última delas.[17] Por isso, às suas

17. [Anotado à margem:] E, por outro lado, no livro *Das refutações sofísticas* ele se esforça demasiado por separar a *dialética* da *sofística* e da *erística*: no que a diferença estaria no fato de silogismos dialéticos serem verdadeiros na forma e no conteúdo, mas falsos os erísticos ou sofísticos (que se distinguem meramente pela finalidade, que, no caso dos primeiros – erística – é o ter razão em si mesmo, e, no caso dos últimos – sofística –, o prestígio a ser alcançado por meio deles e o dinheiro a ser ganho por meio do prestígio). O fato de as proposições serem verdadeiras quanto ao conteúdo sempre é incerto demais para que disso se pudesse tomar o fundamento distintivo, e o próprio disputante é o menos apto a estar plenamente certo a respeito, e mesmo o resultado da disputa fornece apenas um esclarecimento incerto acerca disso. Assim, temos de reunir sob a *dialética* de Aristóteles a sofística, a erística e a peirástica, definindo-a como a *arte de acabar tendo razão no disputar*, no que o maior auxílio, sem dúvida, é antes de mais nada ter razão no assunto: porém, considerando a índole dos seres humanos, esse fato em si mesmo não é suficiente, e, por outro lado, considerando a debilidade de seu entendimento, não é absolutamente necessário; requer-se, portanto, ainda outros artifícios, que, precisamente por serem independentes (cont.)

regras para o último objetivo estão mescladas, muitas vezes, algumas para o primeiro. Por

---

(cont.) do fato objetivo de se ter razão, também podem ser usados quando não se tem razão de modo objetivo: e se este é o caso, eis algo que quase nunca se sabe com inteira certeza.

Sou da opinião, portanto, de que a *dialética* deva ser mais nitidamente separada da *lógica* do que o fez Aristóteles, de que a verdade objetiva, até o ponto em que seja *formal*, seja deixada à *lógica*, limitando a *dialética* ao *acabar tendo razão*, mas, em contrapartida, não separando tanto dela a sofística e a erística quanto o faz Aristóteles, visto que essa diferença repousa na verdade material objetiva, sobre a qual não podemos ter clareza com segurança de antemão, mas, como Pôncio Pilatos, precisarmos dizer: o que é a verdade? Pois *veritas est in puteo*: ἐν βυθῷ ἡ ἀλήθεια [a verdade está nas profundezas], um dito de Demócrito, segundo Diógenes Laércio, IX, 72. É fácil dizer que ao disputar não se deve almejar outra coisa senão a descoberta da verdade, só que ainda não se sabe onde ela está: a pessoa é confundida pelos argumentos do adversário e pelos seus próprios. – De resto, *re intellecta, in verbis simus faciles* [compreendida a coisa, não dificultemos as palavras]: visto que se costuma tomar o nome *dialética* em seu todo como sinônimo de *lógica*, chamaremos nossa disciplina de *dialética erística*. (N.A.)

conseguinte, parece-me que ele não resolveu sua tarefa sem dar margem a dúvidas.[18] Nos *Tópicos*, Aristóteles abordou a instauração da dialética, com o espírito científico que lhe era próprio, de modo extremamente metódico e sistemático, e isso merece admiração, embora o objetivo, que nesse caso é manifestamente prático, não tenha sido atingido. Depois de ter considerado nos *Analíticos* os conceitos, os juízos e os silogismos segundo a pura *forma*, ele passa em seguida ao *conteúdo*, no que, no fundo, só precisa lidar com os conceitos: pois é nestes, afinal, que se encontra a substância. Proposições e silogismos são, considerados puramente em si mesmos, mera forma: os conceitos são sua substância.[19] – Aristóteles

---

18. [Acrescentado:] (Sempre se precisa distinguir indubitavelmente o objeto de uma disciplina do de todas as outras.) (N.A.)

19. [Anotado à margem:] Porém, os conceitos podem ser reunidos em certas classes, como gênero e espécie, causa e efeito, qualidade e seu oposto, ter e carecer etc., vigendo para essas classes algumas regras gerais: estas são os *loci*, τόποι [proposições reconhecidas]. – Por exemplo, um *locus* de causa (cont.)

desenvolve isso da seguinte maneira. Toda

(cont.) e efeito é este: "a causa da causa é causa do efeito"; em termos aplicados: "a causa de minha felicidade é minha riqueza; assim, quem me deu a riqueza também é o autor de minha felicidade". *Loci* de opostos: 1) eles se excluem, como, por exemplo, reto e torto; 2) encontram-se no mesmo sujeito: por exemplo, se o amor tem sua sede na vontade (ἐπιθυμητικόν), o ódio também a tem. – Mas se este se encontra na sede do sentimento (θυμοειδές), então o amor também. – Se a alma não pode ser branca, tampouco pode ser preta. – 3) Se faltar o grau inferior, faltará também o superior: se um homem não for justo, tampouco será benevolente. – Disso os senhores depreendem que os *loci são certas verdades gerais que atingem classes inteiras de conceitos, aos quais, portanto, alguém pode recorrer em casos isolados ocorrentes a fim de extrair deles os argumentos que usará e também a fim de apelar a eles como universalmente evidentes*. Contudo, a maioria é muito enganadora e sujeita a muitas exceções; por exemplo, é um *locus*: coisas opostas têm relações opostas como em a virtude é bela, o vício é feio. – A amizade é benevolente, a inimizade é malevolente. – Mas: o esbanjamento é um vício, portanto a avareza é uma virtude; os loucos dizem a verdade, portanto os sábios mentem: isso não dá. A morte é um perecer, portanto a vida é um surgir: falso. (N.A.)

disputa tem uma tese ou um problema (estes diferem apenas na forma) e, em seguida, proposições que devem servir para resolvê-los. Trata-se aí sempre da relação de conceitos entre si. Essas relações são inicialmente quatro. Pois se busca de um conceito ou 1) sua definição, ou 2) seu gênero, ou 3) o que lhe é próprio, sua característica essencial, o *proprium*, o ἴδιον, ou 4) seu *accidens*, isto é, uma qualidade qualquer, pouco importando se é algo próprio e exclusivo ou não; em suma, um predicado. Importa reduzir o problema de qualquer disputa a uma dessas relações. Essa é a base de toda dialética. Nos oito livros dela, Aristóteles apresenta todas as relações que os conceitos podem ter reciprocamente sob esses quatro aspectos, e oferece as regras de toda relação possível; a saber, como um conceito deve se relacionar com outro para ser seu *proprium*, seu *accidens*, seu *genus*, seu *definitum* ou definição, quais os erros que se comete facilmente na exposição e, por conseguinte, o que cabe observar sempre que nós próprios expomos uma relação desse tipo (κατασκευάζειν) e o que se pode fazer para derrubá-la (ἀνασκευάζειν) depois que o outro a expôs. Aristóteles chama de τόπος, *locus*, a exposição de cada uma dessas regras ou de cada uma dessas relações gerais desses conceitos de classe entre si, e apresenta 382 desses τόποι, daí o título *Tópicos*. A estes, ainda acrescenta algumas regras gerais sobre o disputar em geral, que, contudo, nem de longe esgotam o assunto.

O τόπος, portanto, não é puramente material, não se refere a um objeto ou conceito determinado, mas sempre diz respeito a uma relação de classes inteiras de conceitos, que pode ser comum a inúmeros conceitos tão logo sejam considerados na sua relação mútua sob um dos quatro aspectos mencionados, o que ocorre em qualquer disputa. E esses quatro aspectos, por sua vez, têm classes subordinadas. A abordagem aqui, portanto, continua a ser em certa medida formal, porém não tão puramente formal como na lógica, pois se ocupa do *conteúdo* dos *conceitos*, mas de uma maneira formal, a saber, ela aponta como o conteúdo do conceito A teria de se relacionar com o do conceito B para que este possa ser estabelecido como o *genus* daquele, ou como o *proprium* (o característico), ou o *accidens*, ou a definição, ou conforme as rubricas subordinadas a esta, de oposição, ἀντικείμενον, de causa e efeito, de qualidade e carência desta etc.: e toda disputa deve girar em torno de tal relação. A maioria das regras que ele indica como τόποι acerca dessas relações são regras que se encontram na natureza das relações conceituais, regras de que cada indivíduo tem consciência por conta própria e cuja obediência pelo adversário ele já exige espontaneamente, assim como na lógica, e que é mais fácil observar, ou notar que são ignoradas, no caso especial do que recordar do τόπος abstrato a respeito delas; precisamente por isso, a utilidade prática dessa dialética não é grande. Quase todas as coisas que ele diz são óbvias, e a sã razão as respeita por conta própria. Exemplos: "Quando se menciona o *gênero* de uma coisa, também deve lhe corresponder alguma *espécie* desse *genus*: se assim não for, a afirmação é falsa; por exemplo, quando se afirma que a alma teria *movimento*, então deve lhe ser próprio algum *tipo* determinado de movimento, como o voo, o andar, o crescimento, o decréscimo etc.; não sendo esse o caso, ela tampouco tem movimento. – Ou seja, o que não tem espécie, tampouco terá *genus*: esse é o τόπος". Esse τόπος vale para estabelecer e para derrubar. É o nono τόπος. E, inversamente: o que não tem gênero, tampouco tem espécie; por exemplo: alguém teria (afirma-se) falado mal de outro; se provarmos que ele absolutamente não falou, aquilo tampouco aconteceu: pois quando não há *genus*, não pode haver espécie.

Sob a rubrica do *próprio*, *proprium*, o *locus* 215 reza: "Em primeiro lugar, para derrubar: se o adversário indica como próprio algo que só possa ser percebido pelos sentidos, a indicação foi malfeita, pois tudo o que é sensível se torna incerto tão logo saia do âmbito dos sentidos: por exemplo, ele estabelece como próprio do *Sol* o fato de ser o astro mais brilhante que se desloca sobre a Terra: isso não serve, pois quando o Sol se põe não sabemos se ele se desloca sobre a Terra, pois então está fora do âmbito dos sentidos. – Em segundo lugar, para estabelecer: o próprio é indicado corretamente quando se estabelece um tal que não seja reconhecido pelos sentidos, ou, quando reconhecido pelos sentidos, exista de modo necessário: por exemplo, como próprio da *superfície* se indica que ela é, em primeiro lugar, colorida; assim, isso é uma característica sensível, é verdade, mas uma característica que, de modo evidente, sempre existe, ou seja, é correta". – É o que basta para dar-lhes uma noção da dialética de Aristóteles. Não me parece que ela atinja seu objetivo; por isso, experimentei fazer de outro modo. Os *Tópicos* de Cícero são uma imitação dos aristotélicos feita de memória, extremamente rasa e precária; Cícero não tem absolutamente qualquer noção clara do que é e do que visa um *topus*, e assim ele mistura disparatadamente *ex ingenio*[20] toda sorte de coisas e as enfeita ricamente com exemplos jurídicos. Um de seus piores escritos.

Para estabelecer a *dialética* de forma pura, sem preocupar-se com a verdade objetiva (que é assunto da lógica), é preciso considerá-la

20. De livre invenção. (N.E.)

meramente como *a arte de acabar tendo razão*, o que será tanto mais fácil quando se tiver razão no assunto em si. Mas a dialética como tal precisa apenas ensinar como defender-se de ataques de todo tipo, em especial dos desonestos, e, da mesma forma, como a própria pessoa pode atacar o que o outro afirma sem se contradizer e, sobretudo, sem ser refutada. É preciso separar de forma estrita a descoberta da verdade objetiva da arte de fazer valer como verdadeiras as próprias proposições: aquela é assunto de uma πραγματεία[21] inteiramente diferente, é a obra da faculdade do juízo, da reflexão, da experiência, e não há uma arte específica para tanto, mas a segunda é o objetivo da dialética. Esta chegou a ser definida como a lógica da aparência, o que é falso, pois então ela só seria utilizável para a defesa de proposições falsas; porém, mesmo quando se tem razão se precisa da dialética para defendê-la e é necessário conhecer os artifícios desonestos para defrontá-los, e até, muitas vezes, utilizar alguns para derrotar o adversário com as mesmas armas. Por esse

21. Função. (N.E.)

motivo, pois, na dialética a verdade objetiva deve ser posta de lado ou considerada como acidental, atentando-se apenas para como defender as próprias afirmações e derrubar as do outro; nas regras para tanto não se pode levar em conta a verdade objetiva, pois na maioria das vezes não se sabe onde ela está;[22] muitas vezes, nós próprios não sabemos se temos razão ou não, muitas vezes acreditamos tê-la e nos enganamos, muitas vezes ambas as partes acreditam tê-la, pois *veritas est in puteo* (ἐν βυθῷ ἡ ἀλήθεια [a verdade está nas profundezas], Demócrito): no início da disputa, cada um, via de regra, acredita ter a verdade do seu lado; no seu desenrolar, ambos ficam com dúvidas: só o final, presume-se, constatará, confirmará a verdade. Ou seja, a dialética não deve se envolver nisso, tal como o instrutor de esgrima não leva em conta quem realmente

22. [À margem:] *Veritas est in puteo*, ἐν βυθῷ ἡ ἀλήθεια [a verdade está nas profundezas], dito de Demócrito, segundo Diógenes Laércio, IX, 72. (N.A.) Muitas vezes, dois disputam com muita vivacidade e então cada um deles vai para casa com a opinião do outro: eles fizeram uma troca. (N.A.)

tem razão na desavença que levou ao duelo: atingir e defender-se, isso é o que importa. Da mesma forma na dialética, que é uma esgrima intelectual: apenas apreendida tão puramente é que ela pode ser instaurada como disciplina própria, pois se estabelecermos como finalidade a pura verdade objetiva, retornaremos à mera *lógica*; se, em contrapartida, estabelecermos como finalidade a viabilização de proposições falsas, teremos mera *sofística*. E nas duas seria pressuposto que já soubéssemos o que é objetivamente verdadeiro e falso, porém é raro que isso seja certo de antemão. O verdadeiro conceito de dialética é portanto o exposto: esgrima intelectual para acabar tendo razão no disputar, embora o nome *erística* fosse mais apropriado, e o mais acertado de todos, por certo, *dialética erística*. E esta é muito útil; foi sem razão que foi negligenciada na época moderna.

Visto, pois, que nesse sentido a dialética deverá ser apenas uma síntese e uma exposição, reduzida a um sistema e a regras, daquelas artes inspiradas pela natureza, e das quais a maioria dos seres humanos se serve quando percebe que, na disputa, a verdade não está do seu lado, com a finalidade de, não obstante, acabar tendo razão, então, também por esse motivo, seria bastante impróprio caso se quisesse considerar na dialética científica a verdade objetiva e sua descoberta, visto que isso não ocorre naquela dialética original e natural, mas o objetivo é apenas acabar tendo razão. A dialética científica no nosso sentido tem como tarefa principal, por conseguinte, *apresentar e analisar aqueles artifícios da desonestidade no disputar*, de modo que em debates reais sejam logo reconhecidos e aniquilados. Precisamente por isso, ela precisa tomar como fim último de sua exposição, de modo declarado, apenas a busca por ter razão, e não a verdade objetiva.

Não tenho conhecimento de que se tenha feito algo nesse sentido, embora eu tenha procurado por toda parte;[23] trata-se, portanto,

---

23. [Anotado à margem:] Segundo Diógenes Laércio, havia entre os muitos escritos retóricos de Teofrasto, que se perderam todos, um cujo título era ̓ Αγωνιστικὸν τῆς περὶ τοὺς ἐριστικοὺς λόγους ϑεωρίας [Livreto de guerra da teoria dos discursos erísticos]. Aí estaria nosso tema. (N.A.)

de um campo ainda não cultivado. Para atingir o objetivo, seria preciso haurir da experiência, atentar para como, nos debates que com frequência ocorrem no trato entre as pessoas, este ou aquele artifício é aplicado por uma e outra parte; em seguida, reduzir a seu elemento geral os artifícios recorrentes sob outras formas, e, assim, formular certos *stratagemata*[24] universais, que então seriam úteis tanto para uso próprio quanto para baldá-los quando o outro os empregue.

O que segue deve ser considerado *uma primeira tentativa*.

Base de toda dialética

Antes de mais nada, cabe considerar *o essencial de toda disputa*, o que propriamente se passa nela.

O adversário apresentou uma *tese* (ou nós mesmos, isso é indiferente). Para refutá-la, existem dois modos e dois caminhos.

1) *Os modos*: a) *ad rem*, b) *ad hominem*,

24. Artifícios do guerrear, astúcias de guerra. (N.E.)

ou *ex concessis*,[25] isto é, ou mostramos que a proposição não concorda com a natureza das coisas, a verdade objetiva absoluta, ou então que não concorda com outras afirmações ou concessões do adversário, isto é, com a verdade subjetiva relativa; esta última é apenas uma persuasão relativa e em nada diz respeito à verdade objetiva.

2) *Os caminhos*: a) refutação direta, b) indireta. – A refutação direta ataca a tese em seus fundamentos; a indireta, em suas consequências: a direta mostra que a tese não é verdadeira; a indireta, que não pode ser verdadeira.

2.1) No caso da refutação *direta* podemos fazer duas coisas. Ou mostramos que os *fundamentos* de sua afirmação são falsos (*nego majorem; minorem*),[26] ou admitimos os fundamentos, mas mostramos que a afirmação não resulta deles (*nego consequentiam*),

---

25. Relativo à coisa, relativo ao homem (com quem se trava a discussão), por motivo de concessões. (N.E.)

26. Contesto a proposição maior/menor do silogismo. (N.E.)

atacando portanto a *consequência*, a forma da conclusão.

2.2) No caso da refutação *indireta* usamos ou a *apagogia* ou a *instância*.

a) *Apagogia*: aceitamos a proposição do adversário como verdadeira e então mostramos o que dela resulta se, em ligação com qualquer outra proposição reconhecida como verdadeira, a utilizamos como premissa para um silogismo, surgindo uma conclusão que é evidentemente falsa ao contradizer ou a natureza das coisas[27] ou as outras afirmações do próprio adversário, ou seja, é falsa *ad rem* ou *ad hominem* (Sócrates em *Hípias maior* etc.); por conseguinte, a proposição também era falsa, pois de premissas verdadeiras podem resultar apenas proposições verdadeiras, embora de premissas falsas nem sempre resultem proposições falsas.

b) A *instância*, ἔνστασις, *exemplum in*

27. [Acréscimo:] se ela contradiz de forma direta uma verdade inteiramente indubitável, levamos o adversário *ad absurdum* [ao absurdo, isto é, demonstramos a falsidade de uma proposição por dela se tirar uma ou mais consequências absurdas (N.T.)].

contrarium:[28] refutação da proposição geral pela demonstração direta de alguns casos, compreendidos em sua declaração, em que tal proposição não é válida, ou seja, ela própria só pode ser falsa.

Essa é a estrutura básica, o esqueleto de qualquer disputa; temos, portanto, sua osteologia. Pois, no fundo, todo disputar reflui a esse ponto; porém, tudo isso pode acontecer real ou apenas aparentemente, com fundamentos legítimos ou ilegítimos, e, pelo fato de não ser fácil estabelecer algo seguro a respeito, os debates são tão longos e obstinados. Nos ensinamentos tampouco podemos separar o verdadeiro e o aparente, simplesmente porque isso jamais é certo de antemão nos próprios disputantes; por isso, ofereço os *artifícios* sem consideração pelo fato de se ter ou não razão *objective*,[29] pois isso nós próprios não temos como saber com segurança, e, afinal, deverá ser estabelecido apenas por meio da disputa. De resto, em toda disputa ou argumentação

28. Contraexemplo. (N.E.)

29. Objetivamente. (N.E.)

em geral é preciso estar de acordo acerca de alguma coisa a partir da qual, como um princípio, se pretenda julgar a questão apresentada: *contra negantem principia non est disputandum.*[30]

Artifício 1. A ampliação. Levar a afirmação do adversário além de sua fronteira natural, interpretá-la da maneira mais geral possível, tomá-la no sentido mais amplo possível e exagerá-la; em contrapartida, encolher a própria afirmação ao seu sentido mais restrito possível, a fronteiras as mais estreitas possíveis, pois quão mais geral se torna uma afirmação, tanto maior o número de ataques a que está exposta. O antídoto é a exposição precisa do *puncti* ou *status controversiae.*[31]

Exemplo 1. Eu disse: "Os ingleses são a primeira nação no drama". – O adversário quis tentar uma *instantia* e replicou dizendo que: "É de conhecimento geral que na música,

---

30. Contra aquele que nega os princípios não cabe disputa. (N.E.)

31. Ponto da controvérsia ou situação da controvérsia. (N.E.)

e, por conseguinte, também na ópera, eles nada conseguiram realizar". – Eu o repeli mediante a lembrança de que "a música não está compreendida no âmbito do *dramático*; esse termo designa apenas a tragédia e a comédia", o que ele sabia muito bem, tentando apenas generalizar minha afirmação a tal ponto que ela abrangesse todas as apresentações teatrais, e, consequentemente, a ópera e, consequentemente, a música, para então me derrotar com segurança.

Inversamente, pode-se salvar sua própria afirmação, quando a expressão utilizada favorecê-lo, pela restrição dela de um modo que ultrapasse a intenção inicial.

Exemplo 2. A diz: "A paz de 1814 devolveu a independência inclusive a todas as cidades hanseáticas alemãs". B apresenta a *instantia in contrarium* de que Danzig, graças a essa paz, perdeu a independência que lhe fora outorgada por Bonaparte. – A salva-se assim: "Eu disse todas as cidades hanseáticas alemãs; Danzig era uma cidade hanseática polonesa".

Aristóteles já ensina esse artifício em *Tópicos*, VIII, 12, 11.

Exemplo 3. Lamarck (*Philosophie zoologique*, vol. 1, p. 203) nega aos pólipos toda sensibilidade porque não têm nervos. Porém, é certo que *percebem*, pois acompanham a luz ao avançarem habilmente de ramo em ramo – e apanham suas presas. Por isso se supôs que neles a massa nervosa estivesse distribuída de modo uniforme na massa de todo o corpo, por assim dizer, fundida; pois, evidentemente, têm percepções sem terem órgãos sensoriais individualizados. Pelo fato de isso derrubar a hipótese de Lamarck, ele argumenta dialeticamente desta forma: "Então todas as partes do corpo dos pólipos deveriam ser capazes de *qualquer tipo* de sensação e também de movimento, de vontade, de *pensamento*; então o pólipo teria em cada ponto de seu corpo todos os órgãos do mais perfeito animal; cada ponto poderia ver, cheirar, saborear, ouvir etc. e até pensar, julgar, deduzir: cada partícula de seu corpo seria um animal completo, e o próprio pólipo estaria acima do homem, visto que cada partícula dele teria todas as faculdades que o homem tem apenas no todo. – Além disso, não haveria razão para não estender o que se afirma do pólipo também à *mônada*, o mais imperfeito de todos os seres, e, por fim, também às plantas, que, afinal, também vivem etc.". – Pelo emprego de tais artifícios dialéticos um escritor revela que, em seu íntimo, está ciente de não ter razão. Porque se disse: "o corpo inteiro deles tem sensibilidade à luz; portanto, é nérveo", ele faz com que a partir disso o corpo inteiro pense.

Artifício 2. Aproveitar a *homonímia* para estender a afirmação exposta também àquilo que, exceto pela palavra idêntica, pouco ou nada tem em comum com o assunto em questão; em seguida, refutar isso luculentamente para assim dar-se ares de ter refutado a afirmação.

Observação. Sinônimos são duas palavras para o mesmo conceito; homônimos, dois conceitos que são designados pela mesma palavra. Ver Aristóteles, *Tópicos*, I, 13. "Profundo", "cortante" e "alto", ora referindo-se a corpos, ora a sons, são *homônimos*. "Honesto" e "honrado" são *sinônimos*.

Esse artifício pode ser considerado idêntico ao sofisma *ex homonymia*; contudo, o evidente sofisma da homonímia não ludibriará a sério.

Omne lumen potest extingui
Intellectus est lumen
Intellectus potest extingui.[32]

Aqui logo se percebe que há quatro *termini*: *lumen* compreendido em sentido próprio e em sentido figurado. Mas, em casos sutis, o artifício contudo engana, a saber, quando os conceitos designados pela mesma expressão são aparentados e se superpõem.

Exemplo 1.[33] A. O senhor ainda não foi iniciado nos mistérios da filosofia kantiana.

---

32. Toda luz pode ser apagada; o intelecto é luz; o intelecto pode ser apagado. (N.E.)

33. [Anotado à margem:] (Os casos inventados propositalmente nunca são sutis o bastante para serem enganadores; é preciso, portanto, coligi-los a partir da própria experiência efetiva.
Seria muito bom se para cada artifício se pudesse dar um nome conciso e certeiramente característico mediante o qual, dado o caso, se pudesse apontar de modo instantâneo o uso deste ou daquele artifício.) (N.A.)

B. Ora, onde houver mistérios, disso nada quero saber.

Exemplo 2. Critiquei como desatinado o princípio da honra, segundo o qual nos tornamos desonrados devido a uma ofensa sofrida, a não ser que seja retribuída com uma ofensa maior ou lavada com sangue, o do adversário ou o próprio; como fundamento, aleguei que a verdadeira honra não poderia ser ferida por aquilo que se sofre, e sim unicamente por aquilo que se faz, pois a qualquer um pode acontecer qualquer coisa. – O adversário fez o ataque direto ao fundamento: mostrou-me luculentamente que quando um comerciante é acusado falsamente de logro ou falta de retidão, ou negligência em seu ofício, isso seria um ataque à sua honra, que nesse caso seria ofendida simplesmente por aquilo que ele sofre e que só poderia restabelecer ao levar tal atacante a ser castigado e a retratar-se.

Portanto, graças à homonímia, ele substituiu nesse caso a *honra burguesa*, que usualmente se chama *bom nome* e cuja ofensa ocorre por *calúnia*, pelo *conceito* de *honra cavalheiresca*, que usualmente também se chama *point d'honneur* e cuja ofensa ocorre por *injúrias*. E porque um ataque à primeira não pode ser ignorado, mas precisa ser repelido através de refutação pública, assim, com o mesmo direito, um ataque à última tampouco poderia ser ignorado, mas rechaçado por uma ofensa maior e um duelo. – Ou seja, uma mistura de duas coisas essencialmente diferentes devido à homonímia da palavra *honra*, e, por meio disso, uma *mutatio controversiae*[34] executada por meio de homonímia.

Artifício 3. Tomar a afirmação[35] apresentada de modo relativo, κατά τι, *relative*, como se

---

34. Deslocamento da controvérsia. (N.E.)

35. [À margem:] *Sophisma a dicto secundum quid ad dictum simpliciter* [sofisma que parte de uma declaração de sentido relativo para chegar a uma declaração de sentido absoluto]. Esse é o segundo *elenchus sophisticus* de Aristóteles ἔξω τῆς λέξεως: τὸ ἁπλῶς, ἢ μὴ ἁπλῶς, ἀλλὰ πῇ, ἢ ποῦ, ἢ ποτέ, ἢ πρός τι λέγεσθαι [refutação sofística de Aristóteles independentemente da língua: falar de modo absoluto, ou, então, não absoluto, e sim considerando algum modo ou algum lugar ou algum momento ou em relação a algo]. *Das refutações sofísticas*, 5. (N.E.)

fosse apresentada de modo geral, *simpliciter*, ἁπλῶς, *absolute*, ou, pelo menos, apreendê-la sob um aspecto completamente diferente e então refutá-la nesse sentido. O exemplo de Aristóteles é este: "o mouro é negro, mas, quanto aos dentes, branco; logo, é negro e não negro ao mesmo tempo".

Esse é um exemplo inventado, que não enganará ninguém a sério; tomemos, em contrapartida, um exemplo da experiência real.

Exemplo. Numa conversa sobre filosofia, admiti que meu sistema defende e elogia os *quietistas*. – Logo depois, a conversa passou a Hegel, e afirmei que a maior parte do que ele escreveu é disparatado, ou, pelo menos, que havia muitos trechos de suas obras em que o autor determina as palavras e o leitor deve determinar o sentido. – O adversário não tratou de refutar isso *ad rem*, mas se contentou em apresentar o *argumentum ad hominem* de que "eu teria há pouco elogiado os quietistas e que estes teriam igualmente escrito muitos disparates".

Admiti isso, mas o corrigi dizendo que não elogiava os quietistas como filósofos e escritores, ou seja, não por seus feitos *teóricos*, mas apenas como seres humanos em razão de seu agir, apenas no aspecto *prático*: no caso de Hegel, porém, tratava-se de feitos teóricos. – Dessa forma, o ataque fora rechaçado.

Os três primeiros artifícios são aparentados: têm em comum o fato de o adversário na verdade falar de uma coisa diferente da que fora apresentada: cometeríamos portanto uma *ignoratio elenchi*[36] se nos deixássemos liquidar por meio deles. – Pois em todos os exemplos apresentados, o que o adversário diz é verdadeiro, mas não se encontra numa contradição efetiva com a tese, e sim apenas aparente; assim, a pessoa por ele atacada nega a consequência de sua conclusão, a saber, a conclusão de que a verdade de sua proposição implique a falsidade da nossa. Ou seja, trata-se de refutação direta de sua refutação *per negationem consequentiae*.[37]

Não admitir premissas verdadeiras porque se prevê a consequência. Contra isso, pois,

---

36. Ignorância quanto à refutação. (N.E.)

37. Pela contestação da consequência. (N.E.)

empregar os dois expedientes seguintes, regras 4 e 5.

Artifício 4. Quando se quer chegar a uma conclusão, não deixar que seja prevista, mas fazer com que o adversário admita as premissas, inadvertidamente, uma a uma e distribuídas ao longo do diálogo, caso contrário ele tentará toda sorte de chicanas; ou, quando é duvidoso que o adversário as admita, que se apresente as premissas dessas premissas, que se faça prossilogismos, que se obtenha misturadamente, sem ordem, a admissão das premissas de vários desses prossilogismos, ou seja, que se esconda o jogo até que tenha sido admitido tudo o que se precisa. Que o assunto seja, portanto, abordado de longe. Essas regras são oferecidas por Aristóteles, *Tópicos*, VIII, 1.[38]

Não requer exemplos.

Artifício 5.[39] Para provar sua proposição também se pode usar antecedentes falsos caso

---

38. [A propósito, esta nota:] (Ver *Adversaria*, p. 269.) (N.A.)

39. [A propósito, este acréscimo:] Pertence ao anterior. (N.A.)

o adversário não admitisse os verdadeiros, ou porque não reconhece sua verdade, ou porque vê que a tese resultaria imediatamente deles; tome-se então proposições que em si mesmas sejam falsas, mas verdadeiras *ad hominem*, e se argumente *ex concessis* a partir do modo de pensar do adversário. Pois o verdadeiro também pode seguir-se de premissas falsas: embora o falso jamais se siga de premissas verdadeiras. Da mesma forma, pode-se refutar proposições falsas do adversário por meio de outras proposições falsas, mas que ele toma por verdadeiras: pois se precisa lidar com ele e cabe usar seu modo de pensar. Por exemplo, se ele é adepto de uma seita qualquer com a qual não concordamos, podemos usar contra ele as máximas dessa seita como *principia*. Aristóteles, *Tópicos*, VIII, 9.

Artifício 6. Faz-se uma *petitio principii*[40] dissimulada ao postular o que se teria de demonstrar, ou 1) sob um outro nome, por

40. Petição de princípio: "exigência", exposição axiomática (ou mesmo aceitação tácita) de um princípio (quando este, na verdade, ainda deveria ser provado). (N.E.)

exemplo, em vez de "honra", "bom nome", em vez de "virgindade", "virtude" etc., e também conceitos intercambiáveis: "animais de sangue vermelho" em vez de "vertebrados"; ou 2) obtendo a aceitação no geral do que é discutível no particular, por exemplo, afirmar a incerteza da medicina postulando a incerteza de todo saber humano; ou 3) quando, inversamente, duas coisas se concluem uma da outra e uma precisa ser demonstrada, postula-se a outra; ou 4) quando se deve demonstrar o geral e se obtém a admissão de cada um dos particulares. (O contrário do nº 2.) (Aristóteles, *Tópicos*, VIII, 11.)

O último capítulo dos *Tópicos* de Aristóteles contém boas regras sobre o *exercício* da dialética.

Artifício 7. Quando a disputa é travada de modo um tanto rigoroso e formal, e as pessoas quiserem se entender bem claramente, aquele que apresentou a afirmação e pretende demonstrá-la procede *interrogativamente* contra seu adversário a fim de deduzir a verdade da afirmação a partir das próprias concessões deste. Esse método erotemático (também chamado de socrático) era usado em especial pelos antigos; relacionam-se com ele o presente artifício e alguns dos seguintes. (*Todos eles livremente adaptados de Aristóteles, Das refutações sofísticas*, capítulo 15.)[41]

Perguntar muitas coisas de uma só vez, e prolixamente, a fim de ocultar aquilo para o que no fundo se quer obter a admissão. – Em contrapartida, apresentar rapidamente sua argumentação a partir daquilo que foi admitido, pois aqueles que são lerdos de entendimento não conseguem acompanhar com exatidão e passam por cima dos eventuais erros ou lacunas na demonstração.

Artifício 8. Incitar o adversário à cólera, pois ao encolerizar-se ele se torna incapaz de julgar corretamente e de perceber sua vantagem. Consegue-se deixá-lo colérico ao injustiçá-lo sem rodeios, ao chicaneá-lo e, sobretudo, sendo insolente.

Artifício 9. Não colocar as questões na ordem exigida pela conclusão a ser delas extraída, e sim em toda sorte de transposições; assim, o adversário não saberá aonde se quer

---

41.[A propósito, a nota:] *Adversaria*, p. 269. (N.A.)

chegar e não poderá se precaver; então também se poderá aproveitar suas respostas para conclusões diversas, inclusive opostas, dependendo de qual venha a ser seu conteúdo. Isto é aparentado ao artifício 4 no aspecto de que se deve mascarar o próprio proceder.

Artifício 10. Quando se percebe que o adversário responde negativamente, de forma intencional, às perguntas cuja resposta afirmativa poderia ser útil à nossa proposição, então é preciso perguntar o contrário da proposição a ser usada, como se se quisesse obter a confirmação disso, ou, pelo menos, apresentar-lhe as duas coisas para sua escolha, de modo que ele não perceba para qual proposição se pretende obter uma resposta afirmativa.

Artifício 11. Se fizermos uma indução e o adversário admitir os casos particulares mediante os quais ela deve ser estabelecida, não precisaremos lhe perguntar se ele também admite a verdade geral resultante desses casos, mas a introduzimos posteriormente como coisa certa e admitida, pois então, por vezes, ele próprio acreditará que a admitiu, e os ouvintes também terão essa impressão, pois se recordam das muitas perguntas a respeito dos casos particulares, que, afinal, devem ter conduzido ao objetivo.

Artifício 12. Quando se estiver tratando de um conceito geral que não tem um nome próprio, mas que precisa ser designado tropologicamente mediante uma alegoria, temos logo de escolher a alegoria de uma maneira que favoreça nossa asserção. Na Espanha, por exemplo, os nomes pelos quais os dois partidos políticos são designados, *serviles* e *liberales*, certamente foram escolhidos pelos últimos.

O nome "protestantes" foi escolhido por estes, também o nome "evangélicos", mas o nome "hereges" foi escolhido pelos católicos.

Isso também vale para o nome das coisas que têm sentido mais próprio; por exemplo, se o adversário propôs uma *modificação* qualquer, chamemo-la de "*inovação*", pois essa palavra é odiosa. E o contrário quando nós próprios formos os proponentes. – No primeiro caso, mencione-se como antônimo "a ordem estabelecida"; no segundo, "o ramerrão". – O que uma pessoa inteiramente imparcial e desprovida de intenções chamaria, talvez, de "culto" ou "doutrina pública", será chamado por alguém que queira falar *em seu favor* de "devoção" e "religiosidade", e, por um adversário, de "beatice" e "superstição". No fundo, é uma sutil *petitio principii*: aquilo que se pretende demonstrar é colocado de antemão na palavra, na designação, da qual, então, é deduzido mediante um mero juízo analítico. O que alguém designa de "salvaguardar sua pessoa", "pôr sob custódia", seu adversário chama de "encarcerar". – Com frequência, um orador já revela de antemão seu propósito por meio dos nomes que dá às coisas. – Um diz "o clero"; o outro, "os padrecos". Dentre todos os artifícios, este é o que se usa com maior frequência, instintivamente. Zelo religioso ≅ fanatismo; passo em falso ou galanteria ≅ adultério; equívocos ≅ obscenidades; desarranjado ≅ falido; "através de influência e conexões" ≅ "através de suborno e nepotismo"; "gratidão sincera" ≅ "bom pagamento".

Artifício 13. Para fazer com que o adversário aceite uma proposição, precisamos oferecer o contrário e deixar-lhe a escolha, declarando de forma bem estridente esse contrário, de modo que o adversário, para não ser paradoxal, precise concordar com nossa proposição, que, em contrapartida, parece muito provável. Por exemplo: pretende-se que o adversário admita que uma pessoa deva fazer tudo o que o pai lhe ordena; assim, perguntamos: "Devemos obedecer ou desobedecer aos pais em todas as coisas?" – Ou, se de alguma coisa se diz "com frequência", perguntemos se por "com frequência" se compreende poucos ou muitos casos: ele dirá "muitos". É como quando se compara o cinza e o preto, e aquele pode ser chamado de branco, e quando comparado ao branco, pode ser chamado de preto.

Artifício 14. Depois de o adversário responder a várias perguntas sem que as respostas tenham resultado favoráveis à conclusão que tencionamos, é um golpe desavergonhado apresentar como demonstrada, soltando gritos de triunfo, a conclusão que se pretende obter, embora ela absolutamente não se siga daquelas respostas. Se o adversário for tímido ou estúpido, e a própria pessoa tiver muito descaramento e uma boa voz, isso pode funcionar muito bem. Pertence à *fallacia non causae ut causae*.[42]

Artifício 15. Se apresentamos uma proposição paradoxal cuja demonstração nos deixa em apuros, apresentemos ao adversário uma proposição correta qualquer, mas não inteiramente palpável, para sua aceitação ou rejeição, como se dela quiséssemos extrair a demonstração: se ele a rejeitar por desconfiança, nós a levamos *ad absurdum* e triunfamos; porém, se a aceitar... dissemos por ora algo sensato e precisaremos ver o que fazer em seguida. Ou então, acrescentamos o artifício precedente e afirmamos que nosso paradoxo foi demonstrado a partir disso. Para tanto se requer o mais extremo descaramento, mas é algo que ocorre na experiência, e há pessoas que praticam tudo isso por instinto.

Artifício 16. Argumenta ad hominem ou *ex concessis*.[43,44] Em uma afirmação do adversário

42. Falácia de tomar por causa o que não é causa. (N.E.)

43. Ver cadernos, apêndice B da conferência 122. (N.A.)

44. Ver nota 25. (N.E.)

temos de procurar se de algum modo – em caso de necessidade, mesmo que apenas aparentemente – ela não se encontra em contradição com qualquer coisa que ele disse ou admitiu anteriormente, ou com os dogmas de uma escola ou seita que ele elogiou e aprovou, ou com o agir dos seguidores dessa seita, ou mesmo dos seguidores ilegítimos e aparentes, ou com o seu próprio modo de agir. Se ele defender o suicídio, por exemplo, grita-se logo "por que não te enforcas?". Ou, se ele afirma, por exemplo, que Berlim é um lugar de estadia desagradável, logo se grita: "por que não partes logo com o primeiro correio expresso?".

De algum modo, será possível extrair daí alguma chicana.

Artifício 17. Se o adversário nos acossar por meio de uma contraprova, muitas vezes poderemos nos salvar através de uma sutil distinção, na qual, contudo, não tínhamos pensado antes, se o assunto admitir um duplo significado qualquer ou um caso duplo.

Artifício 18. Se percebermos que o adversário recorreu a uma argumentação com que nos derrotará, não devemos deixar as coisas chegarem a esse ponto, não devemos deixar que a conduza até o fim, mas interromper, mudar ou desviar a tempo o curso da disputa e dirigi-la a outras proposições; em suma, realizar uma *mutatio controversiae*.[45, 46]

Artifício 19. Se o adversário nos desafiar expressamente a apresentar algo contra algum ponto determinado de sua afirmação, mas não tivermos nada adequado, devemos levar o assunto diretamente para o âmbito das generalidades e então falar contra este. Exige-se de nós que digamos por que determinada hipótese da física não é confiável; falamos então sobre o caráter enganoso do saber humano e o ilustramos com toda sorte de exemplos.

Artifício 20. Quando perguntamos ao adversário a respeito dos antecedentes e ele os admitiu, não precisamos interrogá-lo também a respeito da conclusão a ser deles extraída, mas a extraímos diretamente por conta própria; mesmo que ainda falte um ou outro dos

---

45. Deslocamento da controvérsia. (N.E.)

46. [Anotado à margem:] Ver a propósito o artifício 29. (N.A.)

antecedentes, nós o consideramos igualmente admitido e extraímos a conclusão. O que, então, é uma aplicação da *fallacia non causae ut causae*.

Artifício 21. No caso de um argumento do adversário meramente aparente ou sofístico, por nós discernido, é verdade que podemos decompô-lo mediante discussão de sua capciosidade e caráter ilusório; porém, é melhor opor-se ao adversário com um contra-argumento igualmente aparente e sofístico, e assim liquidá-lo. Pois, afinal, o que importa não é a verdade, e sim a vitória. Se ele oferecer, por exemplo, um *argumentum ad hominem*, bastará invalidá-lo com um contra-argumento *ad hominem (ex concessis)*; e, sobretudo, é mais breve, em vez de uma longa discussão da verdadeira natureza do assunto, oferecer um *argumentum ad hominem* quando este se apresenta.

Artifício 22. Se o adversário exigir que admitamos alguma coisa a partir da qual o problema em disputa se seguiria imediatamente, recusemo-lo ao declarar que se trata de uma *petitio principii*, pois ele e os ouvintes facilmente considerarão idêntica ao problema uma proposição estreitamente aparentada ao problema: e assim o despojamos de seu melhor argumento.

Artifício 23. A contestação e a disputa incitam ao *exagero* da afirmação. Assim, mediante contestação podemos incitar o adversário a levar além do limite da verdade uma afirmação em si mesma, e com a devida restrição, possivelmente verdadeira; e assim que tivermos refutado esse exagero, parecerá que também refutamos sua proposição original. Em contrapartida, nós próprios devemos nos precaver contra isso, não nos deixando levar, por meio de contestação, ao exagero ou a maior ampliação de nossa proposição. Com frequência, o próprio adversário buscará imediatamente estender nossa afirmação além do que a expomos; precisamos pôr termo a isso logo e remetê-lo à linha fronteiriça de nossa afirmação com "foi isto o que eu disse e nada mais".

Artifício 24. O forjamento de consequências. Mediante deduções falsas e distorção dos conceitos, arranca-se da proposição do adversário proposições que não se encontram nela e de forma alguma correspondem à opinião dele, mas, pelo contrário, são absurdas ou perigosas; visto que então parece que da proposição dele resultam tais proposições que ou contradizem a si próprias ou contradizem verdades reconhecidas, isso vale como uma refutação indireta, *apagoge*, e, mais uma vez, é uma aplicação da *fallacia non causae ut causae*.

Artifício 25. Refere-se à *apagogia* mediante uma *instância*, *exemplum in contrarium*. A ἐπαγωγή, *inductio*[47] requer um grande número de casos para estabelecer sua proposição geral; a ἀπαγωγή[48] precisa estabelecer apenas um único caso para o qual a proposição não sirva, e ela está derrubada; um caso desses é chamado de instância, ἔνστασις, *exemplum in contrarium*, *instantia*. Por exemplo, a proposição: “todos os ruminantes têm chifres” é derrubada pela única instância dos camelos. A instância é um caso de aplicação da verdade

47. Indução. (N.E.)

48. Apagogia. (N.T.)

geral em que se subsume sob o conceito principal dela algo a que essa verdade, contudo, não se aplica, sendo assim inteiramente derrubada. Só que nisso podem ocorrer enganos; assim, no caso de instâncias que o adversário faz temos de atentar para o seguinte: 1) se o exemplo é efetivamente verdadeiro; há problemas cuja única solução verdadeira é que o caso não é verdadeiro; por exemplo, muitos milagres, histórias de fantasmas etc.; 2) se o exemplo cabe efetivamente sob o conceito da verdade apresentada; muitas vezes, isso é apenas aparente e pode ser resolvido mediante uma distinção nítida; 3) se o exemplo se encontra efetivamente em contradição com a verdade apresentada; com frequência, isso também é apenas aparente.

Artifício 26. Um golpe brilhante é a *retorsio argumenti*:[49] quando o argumento que o adversário pretende usar a seu favor pode ser melhor usado contra ele. Por exemplo, ele diz: "é uma criança, é preciso desculpá-la por algumas coisas"; *retorsio*: "justamente porque

49. Retorção do argumento. (N.E.)

é uma criança é preciso castigá-la, para que não se obstine em seus maus hábitos".

Artifício 27. Se, de maneira inesperada, um argumento deixar o adversário particularmente irritado, é preciso insistir prontamente nesse argumento: não só porque é bom enfurecê-lo, mas porque é de supor que tocamos o lado fraco de seu raciocínio e que a vulnerabilidade desse ponto pode ser ainda maior do que nós próprios por ora vemos.

Artifício 28. Este é aplicável sobretudo quando eruditos disputam diante de ouvintes não eruditos. Quando não se tem nenhum *argumentum ad rem* e nem sequer um *ad hominem*, faz-se um *ad auditores*,[50] isto é, uma objeção inválida, mas cuja invalidade apenas o entendido reconhece; o adversário é um entendido, mas os ouvintes não; assim, aos olhos deles ele é derrotado, sobretudo se a objeção coloca de algum modo a asserção dele sob uma luz ridícula: as pessoas estão logo dispostas a rir, e os que riem estão do nosso lado. Para mostrar a nulidade da objeção o adversário

50. (Dirigido) aos ouvintes. (N.E.)

precisaria fazer uma longa explanação e recuar até os princípios da ciência ou de outro assunto: não é fácil encontrar ouvidos para tanto.

Exemplo. O adversário diz: na formação das rochas primordiais, a massa da qual o granito e todas as demais rochas primordiais se cristalizaram estava fluida devido ao calor, ou seja, fundida; o calor devia ser de cerca de 200ºR;[51] a massa cristalizou-se sob a superfície do mar que a cobria. – Fazemos o *argumentum ad auditores* de que a essa temperatura, e até muito antes, a 80º, o mar já se teria evaporado há muito pela fervura e pairaria no ar como vapor. – Os ouvintes riem. Para nos derrotar, ele teria de mostrar que o ponto de ebulição não depende somente da temperatura, mas igualmente da pressão atmosférica, e esta, tão logo a metade da água do mar, mais ou menos, pairasse em forma de vapor, seria tão elevada que mesmo a 200ºR não ocorreria fervura alguma. – Mas isso não chega a ser dito, visto

---

51. Grau Réaumur. Nessa escala, 0° corresponde à temperatura de congelamento da água e 80° à temperatura de ebulição da água. (N.T.)

que para não físicos seria preciso um tratado. (Mitscherlich, *Abhdlg. d. Berl. Akad.*, 1822.)

Artifício 29. Quando percebemos que[52] seremos derrotados, fazemos *uma diversão*, isto é, começamos a falar de repente de algo completamente diferente, como se dissesse respeito ao assunto e fosse um argumento contra o adversário. Isso é feito com algum comedimento se a diversão ainda trata, em geral, do *thema quaestionis*;[53] descaradamente, quando diz respeito somente ao adversário e não trata de forma alguma do assunto.

Por exemplo. Eu elogiava o fato de na China não haver nobreza hereditária e os cargos serem concedidos apenas mediante *examina*. Meu adversário afirmou que a erudição, tal como os privilégios de nascimento (aos quais dava alguma importância), tampouco capacitava a cargos. Agora as coisas iam mal para ele. De imediato, recorreu à diversão de que na China todos os estamentos são punidos a bastonadas, o que relacionou com o excessivo

---

52. [À margem:] A propósito do artifício 18. (N.A.)

53. Tema em questão. (N.E.)

consumo de chá, repreendendo os chineses pelas duas coisas. – Quem de imediato entrasse em todos esses assuntos, teria se deixado distrair por eles e deixado escapar das mãos a vitória já conquistada.

A diversão é desavergonhada quando abandona inteiramente o assunto *quaestionis*, começando mais ou menos com "sim, e assim o senhor afirmou do mesmo modo há pouco que etc.", pois aí ela pertence em certa medida ao "tornar-se pessoal", a ser abordado no último artifício. Estritamente falando, ela é um grau intermediário entre o *argumentum ad personam*,[54] a ser discutido no referido artifício, e o *argumentum ad hominem*.

O quanto esse artifício é inato, por assim dizer, mostra toda querela entre gente comum, pois quando um faz críticas pessoais a outro, este não responde talvez com a refutação delas, e sim com críticas pessoais que *ele* faz ao primeiro, deixando de pé as que lhe foram feitas, ou seja, por assim dizer admitindo-as. Ele faz como Cipião, que não atacou os carta-

54. Argumento dirigido à pessoa. (N.E.)

gineses na Itália, e sim na África. Na guerra, tal diversão pode servir às vezes. No querelar ela é prejudicial, pois se deixa de pé as críticas recebidas e o ouvinte descobre todo tipo de coisas ruins sobre ambas as partes. No disputar, ela é utilizável *faute de mieux*.[55]

Artifício 30. O *argumentum ad verecundiam*.[56] Em vez de razões, empregar autoridades de acordo com os conhecimentos do adversário. – *Unusquisque mavult credere quam judicare*,[57] afirma Sêneca: temos jogo fácil, portanto, quando temos a nosso favor uma autoridade que o adversário respeita. Porém, será tanto maior o número de autoridades válidas para ele quanto mais limitados forem seus conhecimentos e suas capacidades. Se estes porventura forem de primeira categoria, haverá para ele pouquíssimas autoridades, praticamente nenhuma. Quando muito, reconhecerá a dos especialistas de uma ciência, uma arte ou um ofício de que ele pouco ou nada

---

55. À falta de coisa melhor. (N.E.)

56. Argumento que apela ao respeito. (N.E.)

57. Todos preferem crer a julgar. (N.E.)

conheça, e, mesmo estas, com desconfiança. Em contrapartida, as pessoas comuns têm profundo respeito pelos especialistas de todo tipo. Não sabem que aquele que transforma uma coisa em profissão não ama a coisa, e sim seus lucros; tampouco sabem que quem ensina uma coisa raramente a sabe a fundo, pois, para quem a estuda a fundo, na maioria das vezes não sobra tempo para ensinar. Só que para o *vulgus* há um imenso número de autoridades que encontram respeito; por isso, se não se tiver uma inteiramente adequada, tome-se uma aparentemente adequada, cite-se o que alguém disse em outro sentido ou em outras circunstâncias. Autoridades que o adversário absolutamente não compreende têm na maioria das vezes os melhores resultados. Os incultos têm um respeito peculiar por floreios gregos e latinos. Em caso de necessidade, pode-se não só distorcer as autoridades, mas inclusive falsificá-las, ou citar algumas que sejam de inteira invenção própria; na maioria das vezes, o adversário não tem o livro à mão e tampouco sabe manuseá-lo. O mais belo exemplo disso é dado pelo cura francês que, para não pavimentar a rua diante de sua casa, como tinham de fazer os outros cidadãos, citou um dito bíblico: *paveant illi, ego non pavebo.*[58] Isso convenceu as autoridades municipais. *Preconceitos universais* também podem ser usados como autoridades. Pois a maioria pensa como Aristóteles, ἃ μὲν πολλοῖς δοκεῖ ταῦτά γε εἶναί φαμεν[59] (creio que na *Ética a Nicômaco*); sim, não há opinião, por mais absurda que seja, que os homens não transformem facilmente em sua tão logo se consiga persuadi-los de que ela é *universalmente adotada.* O exemplo atua tanto sobre seu pensar como sobre seu agir. São cordeiros

---

58. Mais precisamente: *paveant illi, et non paveam ego*, "tremam eles, e não trema eu", *Vulgata*, Jeremias 17:18. Na tradução direta do hebraico de Kautsch: "deixa que se assombrem, mas não deixa que eu me assombre"; o jogo de palavras na história reproduzida por Schopenhauer repousa na derivação errônea do latim *paveant* e *pavebo* a partir de *pavire*, "bater, calcar", ou do derivado francês *paver*, "pavimentar". (N.E.)

59. O que a muitos parece, isto, dizemos nós, é. (N.E.)

que seguem o carneiro guia não importa aonde ele vá: é-lhes mais fácil morrer do que pensar. É muito curioso que a universalidade de uma opinião tenha para eles tamanho peso, pois afinal podem ver em si próprios com que falta de juízo e meramente por força do exemplo se aceitam opiniões. Mas não enxergam isso, pois lhes falta todo autoconhecimento. – Só os seletos dizem com Platão τοῖς πολλοῖς πολλὰ δοκεῖ,[60] isto é, o *vulgus* tem muitas patranhas na cabeça, e se quiséssemos nos preocupar com isso, teríamos muito o que fazer.

A universalidade de uma opinião não é, falando seriamente, prova alguma, nem sequer um motivo provável para sua correção. Os que sustentam isso têm de admitir 1) que o afastamento no *tempo* despoja aquela universalidade de sua força probatória; caso contrário, precisariam trazer de volta todos os velhos erros que um dia passavam universalmente por verdades: por exemplo, restabelecer o sistema ptolemaico, ou, em todos

60. Aos muitos lhes parecem muitas coisas. Platão, *A república*, IX, IV, 576. (N.E.)

os países protestantes, o catolicismo; 2) que o afastamento no *espaço* produz o mesmo resultado; caso contrário, os colocaria em apuros a universalidade de opinião daqueles que professam o budismo, o cristianismo e o islã. (Segundo Bentham, *Tactique des assemblées législatives*, vol. 2, p. 76.)

Assim, o que se chama de *opinião universal* é, examinada sob a luz, a opinião de duas ou três pessoas, e disso nos convenceríamos se pudéssemos presenciar o modo como surge uma dessas opiniões universalmente válidas. Descobriríamos então que foram duas ou três pessoas que primeiro a adotaram ou propuseram e afirmaram, e que as demais tiveram a amabilidade de confiar que elas a examinaram bem a fundo: com base no preconceito quanto à suficiente capacidade destas, algumas outras também adotaram de início a opinião; nestas, por sua vez, acreditaram muitas outras, cuja indolência as aconselhou a acreditar logo de uma vez de preferência a fazer antes um trabalhoso exame. Assim cresceu dia após dia o número daqueles adeptos indolentes e crédulos, pois se de início a opinião tinha um bom número de vozes a seu favor, os que vieram depois atribuíram isso ao fato de que só pôde conquistá-las graças à pertinência de suas razões. Os ainda restantes foram então forçados a deixar valer o que valia universalmente para não serem considerados cabeças inquietas que se rebelavam contra opiniões universalmente válidas, nem sujeitinhos sabichões que queriam ser mais espertos do que todo mundo. Então a concordância se tornou um dever. Doravante, os poucos que são capazes de julgar precisam silenciar, e os que estão autorizados a falar são os completamente incapazes de ter opiniões próprias e juízo próprio, sendo o mero eco da opinião alheia; contudo, são defensores tanto mais zelosos e mais intolerantes dela. Pois odeiam em quem pensa diferente não tanto a opinião diferente que este professa, quanto o atrevimento de querer julgar por conta própria, o que eles mesmos, afinal, jamais empreendem, e do que, em seu íntimo, estão cientes. – Em suma, pouquíssimos são capazes de pensar, mas todos querem ter opiniões;[61] o que resta senão tomá-las completamente prontas de outros em vez de elaborá-las por conta própria? – Visto que é assim que se passam as coisas, que valor ainda terá a voz de cem milhões de pessoas? – O mesmo que um fato histórico, por exemplo, que se acha em cem historiógrafos, mas do qual então se demonstra que todos se copiaram mutuamente, motivo pelo qual, no fim das contas, tudo se reduz à declaração de um só indivíduo. (Segundo Bayle, *Pensées sur les Comètes*, vol. 1, p. 10.)

Dico ego, tu dicis, sed denique dixit et ille:
Dictaque post toties, nil nisi dicta vides.[62]

Não obstante, na disputa com gente comum pode-se utilizar a opinião universal como autoridade.

---

61. Berkeley, *Three dialogues between Hylas and Philonous* [Três diálogos entre Hylas e Philonous], 2. dial. Works ed. Londres, 1784, vol. 1, p. 160. (N.E.)

62. Eu o digo, tu o dizes, mas por fim também o diz aquele: / Tantas vezes foi dito que só ainda se vê o dito. Moto da parte polêmica da *Teoria das cores* de Goethe. (N.E.)

Descobrir-se-á, sobretudo, que quando duas cabeças comuns disputam entre si, na maioria das vezes serão as autoridades as armas escolhidas em comum: com estas, uma partirá ao ataque contra a outra. – Se uma cabeça melhor precisa lidar com uma dessas, o mais aconselhável é que também se acomode a essa arma, escolhendo-a de acordo com os pontos fracos de seu adversário. Pois contra a arma das razões, este é, *ex hypothesi*,[63] um Siegfried de pele de chifre,[64] mergulhado na torrente da incapacidade de pensar e julgar.

No tribunal, a disputa é travada no fundo apenas com autoridades, a autoridade estabelecida das leis; a tarefa da faculdade do juízo é encontrar a lei, quer dizer, a autoridade que, no caso dado, encontra aplicação.[65] Porém, a dialética tem suficiente liberdade de movimentos,

---

63. Por hipótese. (N.E.)

64. Personagem lendário que, quando criança, teria sido mergulhado em sangue de dragão, que teria se solidificado sobre seu corpo formando uma camada córnea que, exceto por um ponto nas costas, lhe conferia invulnerabilidade. (N.T.)

65. (Ver *Cogitata*, p. 116). (N.A.)

na medida em que, em caso de necessidade, o caso e uma lei que não se relacionam propriamente entre si sejam torcidos até parecer que se relacionem, e também vice-versa.

Artifício 31. Quando não soubermos apresentar nada contra as razões expostas pelo adversário, declaremo-nos, com fina ironia, incompetentes: "o que o senhor diz aí ultrapassa minha débil compreensão; pode ser que esteja muito correto, só que não consigo compreendê-lo e renuncio a todo juízo". – Com isso, insinuamos aos ouvintes, junto aos quais gozamos de prestígio, que se trata de um absurdo. Foi assim que quando da publicação da *Crítica da razão pura*, ou, antes, quando ela começou a chamar a atenção, muitos professores da velha escola eclética declararam "não compreendemos isso", acreditando tê-la liquidado dessa forma. – Porém, quando alguns adeptos da nova escola lhes mostraram que eles tinham razão e que realmente apenas não a compreenderam, eles ficaram extremamente mal-humorados.

Só se pode usar esse artifício quando se está seguro de gozar junto aos ouvintes de um prestígio decididamente maior do que o adversário; por exemplo, um professor contra um estudante. Na verdade, isso faz parte do artifício anterior, e é uma imposição da *própria autoridade*, em vez de razões, de uma maneira particularmente maliciosa. – O contragolpe é este: "Permita-me observar que, dada a grande perspicácia do senhor, deve ser-lhe fácil a compreensão, e a culpa só pode ser de minha péssima exposição" – e então lambuzar-lhe de tal modo o assunto no focinho que ele tenha de compreendê-lo *nolens volens*[66] e se torne claro que antes ele realmente apenas não o compreendeu. – E assim se retorquiu: ele quis insinuar "absurdo", nós lhe demonstramos "incompreensão". Ambas as coisas com a mais bela cortesia.

Artifício 32. Podemos eliminar de uma forma sumária uma afirmação adversa do oponente, ou pelo menos torná-la suspeita, colocando-a numa categoria odiada, mesmo que apenas se relacione com ela por uma semelhança ou de outro modo frouxo; por

---

66. Quer queira, quer não. (N.E.)

exemplo: "isso é maniqueísmo, isso é arianismo; isso é pelagianismo; isso é idealismo; isso é espinosismo; isso é panteísmo; isso é brownianismo; isso é naturalismo; isso é ateísmo; isso é racionalismo; isso é espiritualismo; isso é misticismo etc". – Ao fazê-lo, supomos duas coisas: 1) que aquela afirmação seja realmente idêntica àquela categoria, ou que pelo menos esteja nela contida, exclamando, portanto: "oh, já conhecemos isso!", e 2) que essa categoria já tenha sido completamente refutada e não possa conter uma só palavra verdadeira.

Artifício 33. "Isso poderá estar certo na teoria; na prática, é falso." – Através desse sofisma, admite-se os fundamentos e, contudo, nega-se as consequências, em contradição com a regra *a ratione ad rationatum valet consequentia*.[67] – Aquela afirmação estabelece uma impossibilidade: o que está correto na teoria *deve* também confirmar-se na prática: caso não se confirme, há um erro na teoria,

---

67. Do fundamento à consequência, a dedução é válida. (N.E.)

algo foi ignorado e não foi levado em conta; logo, também é falso na teoria.

Artifício 34. Se, a uma pergunta ou um argumento, o adversário não der uma resposta ou uma informação diretas, mas se esquivar mediante outra pergunta, ou uma resposta indireta, ou mesmo algo que não diz respeito ao assunto, querendo dirigir-se a outra coisa, isso é um sinal seguro de que (às vezes sem sabê-lo) topamos com uma nódoa podre: é um emudecimento *relativo* da parte dele. Deve-se insistir, pois, no ponto que tocamos, e não deixar o adversário sair do lugar, mesmo quando ainda não vemos no que propriamente consiste a fraqueza que aí encontramos.

Artifício 35, que, desde que seja praticável, torna dispensáveis todos os outros: em vez de atuar com razões sobre o intelecto, atua-se com motivos sobre a vontade, e o adversário, como também os ouvintes, caso tenham interesses comuns com ele, terão sido imediatamente conquistados para a nossa opinião, mesmo que tivesse sido buscada no hospício: pois, na maioria dos casos, meia onça de vontade pesa mais do que meio quintal de discernimento e convicção. Contudo, isso só funciona sob certas circunstâncias especiais. Caso se consiga fazer o adversário perceber que sua opinião, se fosse válida, prejudicaria consideravelmente seu interesse, ele a largará tão rapidamente quanto um ferro quente que pegou por descuido.

Por exemplo, um sacerdote defende um dogma filosófico; se lhe dermos a entender que este se encontra indiretamente em contradição com um dogma fundamental de sua Igreja, ele o abandonará.

Um proprietário rural sustenta a excelência da maquinaria na Inglaterra, onde uma máquina a vapor faz o trabalho de muitos homens; é só dar-lhe a entender que logo os coches também serão puxados por máquinas a vapor, quando então os cavalos de seus numerosos haras cairão bastante de preço, e veremos. Em tais casos, o sentimento de todos é geralmente este: *quam temere in nosmet legem sancimus iniquam.*[68]

---

68. Com que leviandade dizemos ser válido aquilo que fala contra nós próprios! Horácio, *Sátiras*, I, 3, 67. (N.E.)

A situação é idêntica quando os ouvintes e nós pertencermos à *mesma* seita, guilda, ofício, clube etc., mas o adversário não. Por mais correta que seja sua tese, tão logo apenas aludamos ao fato de ela se opor ao interesse comum da referida guilda etc., todos os ouvintes acharão fracos e deploráveis os argumentos do adversário, mesmo que sejam excelentes, e os nossos, em contrapartida, mesmo que tenham sido tirados do ar, corretos e certeiros; o coro se fará ouvir ruidosamente a nosso favor e o adversário abandonará o campo envergonhado. Inclusive, os ouvintes acreditarão na maioria das vezes que concordaram por pura convicção. Pois o que nos é desvantajoso parece na maioria das vezes absurdo ao intelecto. *Intellectus luminis sicci non est* etc.[69] Esse artifício poderia ser chamado de "atacar a árvore pela raiz"; usualmente, chama-se *argumentum ab utili*.[70,71]

---

69. O intelecto não é uma luz que arda seca, mas ele é suprido pela vontade e pelas paixões. Bacon, *Novum organon*, I, 49. (N.E.)

70. Argumento da utilidade. (N.E.)

71. Ver *Cogitata*, p. 280. (N.E.)

Artifício 36. Atordoar, assombrar o adversário com uma torrente de palavras sem sentido. Apoia-se no fato de que

> De hábito o homem crê, ao apenas ouvir palavras,
> Que elas também correspondam a pensamentos.[72]

Quando, em seu íntimo, o adversário está ciente da própria fraqueza, quando está habituado a escutar muitas coisas que não compreende e, não obstante, agir como se as compreendesse, pode-se impressioná-lo ao apresentar-lhe tagarelamente, com a cara séria, disparates que soem eruditos ou profundos e que o façam perder a audição, a visão e o pensar, fazendo tal coisa passar pela prova mais incontestável da própria tese. Como se sabe, em época recente alguns filósofos aplicaram esse artifício, com o mais brilhante sucesso, inclusive diante de todo o público alemão. Mas

---

72. Goethe, *Fausto I*, v. 2565-2566. (N.E.)

porque *exempla sunt odiosa*,[73] tomaremos um exemplo mais antigo de Goldsmith, *O vigário de Wakefield*, p. 34.[74]

Artifício 37 (que deveria ser um dos primeiros). Ainda que o adversário tenha razão na questão, mas, felizmente, escolhe uma má prova para ela, é fácil para nós refutar essa prova e então fazer isso passar por uma refutação da questão. No fundo, isso se reduz ao fato de fazermos passar um *argumentum ad hominem* por um *ad rem*. Se não ocorrer qualquer prova melhor ao adversário ou aos circunstantes, teremos vencido. – Por exemplo, quando alguém

73. Os exemplos são odiosos. (N.E.)

74. Não foi possível averiguar a que edição de *O vigário* Schopenhauer se refere. Aparentemente, trata-se de um diálogo do capítulo 7: [...] – Muito bem – exclamou o nobre rural, falando muito depressa –, uma vez que as premissas foram assim estabelecidas, passo a observar que a concatenação de existências autônomas, ocorrendo numa razão recíproca duplicada, naturalmente produz um dialogismo problemático, que, em certa medida, prova que a essência da espiritualidade pode estar relacionada com o segundo predicável [...]. (N.E.)

apresenta a prova ontológica para a existência de Deus, que é muito fácil de refutar. Esse é o caminho pelo qual maus advogados perdem uma boa causa: querem justificá-la com uma lei que não serve para ela e não lhes ocorre aquela que serve.

Último artifício. Quando percebermos que o adversário é superior e que não acabaremos tendo razão, tornemo-nos pessoais, ofensivos, grosseiros. O tornar-se pessoal consiste em passar do objeto da disputa (pois aí o jogo está perdido) ao disputante e atacar sua pessoa de alguma forma; poderia ser chamado de *argumentum ad personam* para diferenciá-lo do *argumentum ad hominem*: este passa do tema puramente objetivo para se ater àquilo que o adversário disse ou admitiu a respeito. Porém, no caso do tornar-se pessoal, abandonamos completamente o objeto e dirigimos nosso ataque à pessoa do adversário, tornando-nos portanto ofensivos, maliciosos, ultrajantes, grosseiros. É uma apelação das forças do intelecto às do corpo, ou à animalidade. Essa regra é muito popular, pois qualquer um é capaz de executá-la, sendo por isso empregada com frequência.[75] Agora se trata de saber que regra contrária vale para a outra parte. Pois se esta for utilizar a mesma regra, o resultado será uma pancadaria, ou um duelo, ou um processo por difamação.

Muito nos enganaríamos se achássemos que seria suficiente nós próprios não nos tornarmos pessoais. Pois pelo fato de mostrarmos de maneira completamente serena a alguém que ele não tem razão e, portanto, que ele julga e pensa de modo falso, o que é o caso em toda vitória dialética, nós o irritamos mais do que o faríamos com uma expressão grosseira, ofensiva. Por quê? Porque, como afirma Hobbes em *De cive*, capítulo 1: *Omnis animi voluptas, omnisque alacritas in eo sita est, quod quis habeat, quibuscum conferens se, possit magnifice sentire de se ipso*.[76] – Para o ser humano, nada ultrapassa a satisfação de

75. [Anotado à margem:] Ver *in-fólio*, p. 261. (N.E.)

76. Toda alegria de ânimo e toda alacridade repousam no fato de termos pessoas graças às quais, comparando-nos com elas, possamos nutrir um alto conceito de nós próprios. Hobbes, *Do cidadão*, I, 5. (N.E.)

sua vaidade, e não há ferida que doa mais do que a derrota dela. (Daí se originam locuções como "a honra vale mais do que a vida" etc.) Essa satisfação da vaidade surge sobretudo da comparação de si mesmo com outros, sob qualquer aspecto, mas sobretudo em relação às faculdades intelectuais. Tal comparação ocorre *effective* e com grande intensidade no disputar. Daí a amargura do derrotado, sem que tenha lhe sucedido injustiça, e daí seu apelo ao derradeiro expediente, a este último artifício, do qual não é possível esquivar-se mediante mera cortesia. Contudo, ter muito sangue-frio também pode ajudar nesse caso; a saber, quando, tão logo o adversário se torne pessoal, respondemos tranquilamente dizendo que isso não diz respeito ao assunto, retornando de imediato a ele e prosseguindo na demonstração de que ele não tem razão nesse caso, sem dar atenção a suas ofensas, ou seja, falando, por assim dizer, como Temístocles a Euribíades: πάταξον μέν, ἄκουσον δέ.[77] Mas isso não é dado a qualquer um.

77. Bata(-me), mas escute! Plutarco, *Temístocles*, 11, 20. (N.E.)

Por isso, a única regra contrária segura é a que já dá Aristóteles no último capítulo dos *Tópicos*: não disputar com o primeiro que apareça, mas apenas com aqueles que se conhece e de quem se sabe que têm suficiente entendimento para não apresentarem coisas demasiado absurdas e serem por isso expostos à vergonha; e para disputar com razões e não com ditos autoritários, e para escutar razões e aceitá-las; e, por fim, que estimem a verdade, gostem de ouvir boas razões, mesmo que da boca do adversário, e que tenham equidade suficiente para serem capazes de suportar o fato de acabar não tendo razão quando a verdade estiver com o outro lado. Disso se segue que dentre cem dificilmente exista um com quem valha a pena disputar. Os demais, deixemos que falem o que quiserem, pois *desipere est juris gentium*,[78] e cabe lembrar o que diz Voltaire: *La paix vaut encore mieux que la vérité*;[79] e um provérbio

78. Ser insensato é um direito humano universal. (N.E.)

79. A paz vale ainda mais do que a verdade. (Mais precisamente: "A paz, enfim, a paz, que se perturba (cont.)

árabe diz: “Da árvore do silêncio pende o fruto da paz”.[80]

No entanto, como fricção de cabeças, o disputar é muitas vezes de mútuo proveito para a retificação dos próprios pensamentos e também para a geração de novas opiniões. Porém, ambos os disputantes precisam ter mais ou menos o mesmo nível de erudição e de espírito. Se a um deles faltar a primeira, ele não entenderá tudo, não estará *au niveau*. Se lhe faltar o segundo, a irritação causada por isso o levará a desonestidades e truques ou a grosserias.[81]

Entre a disputa *in colloquio privato sive familiari* e a *disputatio sollemnis publica, pro*

(cont.) e se ama / Tem um preço tão alto quanto a própria verdade”. Voltaire, *Poëme sur la loi naturelle*, 4me partie, v. 105-106, Oeuvres complètes, Paris, 1877, vol. IX, p. 460.) (N.E.)

80. Tradução de um provérbio de Sepher Mibchar Happheninim que Schopenhauer encontrou em Orelli, *Opuscula Graecorum veterum sententiosa et moralia*, tom. II, 1821, p. 494, Arab. vet. sent. 159: *Arbor silentii fructus pacis*. (N.E.)

81. *Spicilegia*, 334. (N.E.)

gradu[82] etc. não há diferença essencial. Apenas, talvez, de que na última se exija que o *respondens* sempre acabe tendo razão frente ao *opponens* e que, por isso, em caso de necessidade, o *praeses*[83] venha correndo em seu auxílio; ou ainda, que na última se argumente mais formalmente, preferindo colocar os argumentos na rigorosa forma silogística.

82. Em conversa privada ou familiar; disputa solene pública para a obtenção de um grau universitário. (N.E.)

83. *Respondens*, o defensor; *opponens*, o contraditor; *praeses*, o presidente. (N.E.)

Coleção L&PM POCKET

900.**As veias abertas da América Latina** – Eduardo Galeano
901.**Snoopy: Sempre alerta! (10)** – Charles Schulz
902.**Chico Bento: Plantando confusão** – Mauricio de Sousa
903.**Penadinho: Quem é morto sempre aparece** – Mauricio de Sousa
904.**A vida sexual da mulher feia** – Claudia Tajes
905.**100 segredos de liquidificador** – José Antonio Pinheiro Machado
906.**Sexo muito prazer 2** – Laura Meyer da Silva
907.**Os nascimentos** – Eduardo Galeano
908.**As caras e as máscaras** – Eduardo Galeano
909.**O século do vento** – Eduardo Galeano
910.**Poirot perde uma cliente** – Agatha Christie
911.**Cérebro** – Michael O'Shea
912.**O escaravelho de ouro e outras histórias** – Edgar Allan Poe
913.**Piadas para sempre (4)** – Visconde da Casa Verde
914.**100 receitas de massas light** – Helena Tonetto
915(19).**Oscar Wilde** – Daniel Salvatore Schiffer
916.**Uma breve história do mundo** – H. G. Wells
917.**A Casa do Penhasco** – Agatha Christie
919.**John M. Keynes** – Bernard Gazier
920(20).**Virginia Woolf** – Alexandra Lemasson
921.**Peter e Wendy** *seguido de* **Peter Pan em Kensington Gardens** – J. M. Barrie
922.**Aline: numas de colegial (5)** – Adão Iturrusgarai
923.**Uma dose mortal** – Agatha Christie
924.**Os trabalhos de Hércules** – Agatha Christie
926.**Kant** – Roger Scruton
927.**A inocência do Padre Brown** – G.K. Chesterton
928.**Casa Velha** – Machado de Assis
929.**Marcas de nascença** – Nancy Huston
930.**Aulete de bolso**
931.**Hora Zero** – Agatha Christie
932.**Morte na Mesopotâmia** – Agatha Christie
934.**Nem te conto, João** – Dalton Trevisan
935.**As aventuras de Huckleberry Finn** – Mark Twain
936(21).**Marilyn Monroe** – Anne Plantagenet
937.**China moderna** – Rana Mitter
938.**Dinossauros** – David Norman
939.**Louca por homem** – Claudia Tajes
940.**Amores de alto risco** – Walter Riso
941.**Jogo de damas** – David Coimbra
942.**Filha é filha** – Agatha Christie
943.**M ou N?** – Agatha Christie
945.**Bidu: diversão em dobro!** – Mauricio de Sousa
946.**Fogo** – Anaïs Nin
947.**Rum: diário de um jornalista bêbado** – Hunter Thompson
948.**Persuasão** – Jane Austen
949.**Lágrimas na chuva** – Sergio Faraco
950.**Mulheres** – Bukowski
951.**Um pressentimento funesto** – Agatha Christie
952.**Cartas na mesa** – Agatha Christie
954.**O lobo do mar** – Jack London
955.**Os gatos** – Patricia Highsmith
956(22).**Jesus** – Christiane Rancé
957.**História da medicina** – William Bynum
958.**O Morro dos Ventos Uivantes** – Emily Brontë
959.**A filosofia na era trágica dos gregos** – Nietzsche
960.**Os treze problemas** – Agatha Christie
961.**A massagista japonesa** – Moacyr Scliar
963.**Humor do miserê** – Nani
964.**Todo o mundo tem dúvida, inclusive você** – Édison de Oliveira
965.**A dama do Bar Nevada** – Sergio Faraco
969.**O psicopata americano** – Bret Easton Ellis
970.**Ensaios de amor** – Alain de Botton
971.**O grande Gatsby** – F. Scott Fitzgerald
972.**Por que não sou cristão** – Bertrand Russell
973.**A Casa Torta** – Agatha Christie
974.**Encontro com a morte** – Agatha Christie
975(23).**Rimbaud** – Jean-Baptiste Baronian
976.**Cartas na rua** – Bukowski
977.**Memória** – Jonathan K. Foster
978.**A abadia de Northanger** – Jane Austen
979.**As pernas de Úrsula** – Claudia Tajes
980.**Retrato inacabado** – Agatha Christie
981.**Solanin (1)** – Inio Asano
982.**Solanin (2)** – Inio Asano
983.**Aventuras de menino** – Mitsuru Adachi
984(16).**Fatos & mitos sobre sua alimentação** – Dr. Fernando Lucchese
985.**Teoria quântica** – John Polkinghorne
986.**O eterno marido** – Fiódor Dostoiévski
987.**Um safado em Dublin** – J. P. Donleavy
988.**Mirinha** – Dalton Trevisan
989.**Akhenaton e Nefertiti** – Carmen Seganfredo e A. S. Franchini
990.**On the Road – o manuscrito original** – Jack Kerouac
991.**Relatividade** – Russell Stannard
992.**Abaixo de zero** – Bret Easton Ellis
993(24).**Andy Warhol** – Mériam Korichi
995.**Os últimos casos de Miss Marple** – Agatha Christie
996.**Nico Demo: Aí vem encrenca** – Mauricio de Sousa
998.**Rousseau** – Robert Wokler
999.**Noite sem fim** – Agatha Christie
1000.**Diários de Andy Warhol (1)** – Editado por Pat Hackett
1001.**Diários de Andy Warhol (2)** – Editado por Pat Hackett
1002.**Cartier-Bresson: o olhar do século** – Pierre Assouline
1003.**As melhores histórias da mitologia: vol. 1** – A.S. Franchini e Carmen Seganfredo

1004.**As melhores histórias da mitologia: vol. 2** – A.S. Franchini e Carmen Seganfredo
1005.**Assassinato no beco** – Agatha Christie
1006.**Convite para um homicídio** – Agatha Christie
1008.**História da vida** – Michael J. Benton
1009.**Jung** – Anthony Stevens
1010.**Arsène Lupin, ladrão de casaca** – Maurice Leblanc
1011.**Dublinenses** – James Joyce
1012.**120 tirinhas da Turma da Mônica** – Mauricio de Sousa
1013.**Antologia poética** – Fernando Pessoa
1014.**A aventura de um cliente ilustre** *seguido de* **O último adeus de Sherlock Holmes** – Sir Arthur Conan Doyle
1015.**Cenas de Nova York** – Jack Kerouac
1016.**A corista** – Anton Tchékhov
1017.**O diabo** – Leon Tolstói
1018.**Fábulas chinesas** – Sérgio Capparelli e Márcia Schmaltz
1019.**O gato do Brasil** – Sir Arthur Conan Doyle
1020.**Missa do Galo** – Machado de Assis
1021.**O mistério de Marie Rogêt** – Edgar Allan Poe
1022.**A mulher mais linda da cidade** – Bukowski
1023.**O retrato** – Nicolai Gogol
1024.**O conflito** – Agatha Christie
1025.**Os primeiros casos de Poirot** – Agatha Christie
1027(25).**Beethoven** – Bernard Fauconnier
1028.**Platão** – Julia Annas
1029.**Cleo e Daniel** – Roberto Freire
1030.**Til** – José de Alencar
1031.**Viagens na minha terra** – Almeida Garrett
1032.**Profissões para mulheres e outros artigos feministas** – Virginia Woolf
1033.**Mrs. Dalloway** – Virginia Woolf
1034.**O cão da morte** – Agatha Christie
1035.**Tragédia em três atos** – Agatha Christie
1037.**O fantasma da Ópera** – Gaston Leroux
1038.**Evolução** – Brian e Deborah Charlesworth
1039.**Medida por medida** – Shakespeare
1040.**Razão e sentimento** – Jane Austen
1041.**A obra-prima ignorada** *seguido de* **Um episódio durante o Terror** – Balzac
1042.**A fugitiva** – Anaïs Nin
1043.**As grandes histórias da mitologia greco--romana** – A. S. Franchini
1044.**O corno de si mesmo & outras historietas** – Marquês de Sade
1045.**Da felicidade** *seguido de* **Da vida retirada** – Sêneca
1046.**O horror em Red Hook e outras histórias** – H. P. Lovecraft
1047.**Noite em claro** – Martha Medeiros
1048.**Poemas clássicos chineses** – Li Bai, Du Fu e Wang Wei
1049.**A terceira moça** – Agatha Christie
1050.**Um destino ignorado** – Agatha Christie
1051(26).**Buda** – Sophie Royer
1052.**Guerra Fria** – Robert J. McMahon
1053.**Simons's Cat: as aventuras de um gato travesso e comilão – vol. 1** – Simon Tofield
1054.**Simons's Cat: as aventuras de um gato travesso e comilão – vol. 2** – Simon Tofield
1055.**Só as mulheres e as baratas sobreviverão** – Claudia Tajes
1057.**Pré-história** – Chris Gosden
1058.**Pintou sujeira!** – Mauricio de Sousa
1059.**Contos de Mamãe Gansa** – Charles Perrault
1060.**A interpretação dos sonhos: vol. 1** – Freud
1061.**A interpretação dos sonhos: vol. 2** – Freud
1062.**Frufru Rataplã Dolores** – Dalton Trevisan
1063.**As melhores histórias da mitologia egípcia** – Carmem Seganfredo e A.S. Franchini
1064.**Infância. Adolescência. Juventude** – Tolstói
1065.**As consolações da filosofia** – Alain de Botton
1066.**Diários de Jack Kerouac – 1947-1954**
1067.**Revolução Francesa – vol. 1** – Max Gallo
1068.**Revolução Francesa – vol. 2** – Max Gallo
1069.**O detetive Parker Pyne** – Agatha Christie
1070.**Memórias do esquecimento** – Flávio Tavares
1071.**Drogas** – Leslie Iversen
1072.**Manual de ecologia (vol.2)** – J. Lutzenberger
1073.**Como andar no labirinto** – Affonso Romano de Sant'Anna
1074.**A orquídea e o serial killer** – Juremir Machado da Silva
1075.**Amor nos tempos de fúria** – Lawrence Ferlinghetti
1076.**A aventura do pudim de Natal** – Agatha Christie
1078.**Amores que matam** – Patricia Faur
1079.**Histórias de pescador** – Mauricio de Sousa
1080.**Pedaços de um caderno manchado de vinho** – Bukowski
1081.**A ferro e fogo: tempo de solidão (vol.1)** – Josué Guimarães
1082.**A ferro e fogo: tempo de guerra (vol.2)** – Josué Guimarães
1084(17).**Desembarcando o Alzheimer** – Dr. Fernando Lucchese e Dra. Ana Hartmann
1085.**A maldição do espelho** – Agatha Christie
1086.**Uma breve história da filosofia** – Nigel Warburton
1088.**Heróis da História** – Will Durant
1089.**Concerto campestre** – L. A. de Assis Brasil
1090.**Morte nas nuvens** – Agatha Christie
1092.**Aventura em Bagdá** – Agatha Christie
1093.**O cavalo amarelo** – Agatha Christie
1094.**O método de interpretação dos sonhos** – Freud
1095.**Sonetos de amor e desamor** – Vários
1096.**120 tirinhas do Dilbert** – Scott Adams
1097.**200 fábulas de Esopo**
1098.**O curioso caso de Benjamin Button** – F. Scott Fitzgerald
1099.**Piadas para sempre: uma antologia para morrer de rir** – Visconde da Casa Verde
1100.**Hamlet (Mangá)** – Shakespeare

1101.**A arte da guerra (Mangá)** – Sun Tzu
1104.**As melhores histórias da Bíblia (vol.1)** – A. S. Franchini e Carmen Seganfredo
1105.**As melhores histórias da Bíblia (vol.2)** – A. S. Franchini e Carmen Seganfredo
1106.**Psicologia das massas e análise do eu** – Freud
1107.**Guerra Civil Espanhola** – Helen Graham
1108.**A autoestrada do sul e outras histórias** – Julio Cortázar
1109.**O mistério dos sete relógios** – Agatha Christie
1110.**Peanuts: Ninguém gosta de mim... (amor)** – Charles Schulz
1111.**Cadê o bolo?** – Mauricio de Sousa
1112.**O filósofo ignorante** – Voltaire
1113.**Totem e tabu** – Freud
1114.**Filosofia pré-socrática** – Catherine Osborne
1115.**Desejo de status** – Alain de Botton
1118.**Passageiro para Frankfurt** – Agatha Christie
1120.**Kill All Enemies** – Melvin Burgess
1121.**A morte da sra. McGinty** – Agatha Christie
1122.**Revolução Russa** – S. A. Smith
1123.**Até você, Capitu?** – Dalton Trevisan
1124.**O grande Gatsby (Mangá)** – F. S. Fitzgerald
1125.**Assim falou Zaratustra (Mangá)** – Nietzsche
1126. **Peanuts: É para isso que servem os amigos (amizade)** – Charles Schulz
1127(27).**Nietzsche** – Dorian Astor
1128.**Bidu: Hora do banho** – Mauricio de Sousa
1129.**O melhor do Macanudo Taurino** – Santiago
1130.**Radicci 30 anos** – Iotti
1131.**Show de sabores** – J.A. Pinheiro Machado
1132.**O prazer das palavras** – vol. 3 – Cláudio Moreno
1133.**Morte na praia** – Agatha Christie
1134.**O fardo** – Agatha Christie
1135.**Manifesto do Partido Comunista (Mangá)** – Marx & Engels
1136.**A metamorfose (Mangá)** – Franz Kafka
1137.**Por que você não se casou... ainda** – Tracy McMillan
1138.**Textos autobiográficos** – Bukowski
1139.**A importância de ser prudente** – Oscar Wilde
1140.**Sobre a vontade na natureza** – Arthur Schopenhauer
1141.**Dilbert (8)** – Scott Adams
1142.**Entre dois amores** – Agatha Christie
1143.**Cipreste triste** – Agatha Christie
1144.**Alguém viu uma assombração?** – Mauricio de Sousa
1145.**Mandela** – Elleke Boehmer
1146.**Retrato do artista quando jovem** – James Joyce
1147.**Zadig ou o destino** – Voltaire
1148.**O contrato social (Mangá)** – J.-J. Rousseau
1149.**Garfield fenomenal** – Jim Davis
1150.**A queda da América** – Allen Ginsberg
1151.**Música na noite & outros ensaios** – Aldous Huxley
1152.**Poesias inéditas & Poemas dramáticos** – Fernando Pessoa
1153.**Peanuts: Felicidade é...** – Charles M. Schulz
1154.**Mate-me por favor** – Legs McNeil e Gillian McCain
1155.**Assassinato no Expresso Oriente** – Agatha Christie
1156.**Um punhado de centeio** – Agatha Christie
1157.**A interpretação dos sonhos (Mangá)** – Freud
1158.**Peanuts: Você não entende o sentido da vida** – Charles M. Schulz
1159.**A dinastia Rothschild** – Herbert R. Lottman
1160.**A Mansão Hollow** – Agatha Christie
1161.**Nas montanhas da loucura** – H.P. Lovecraft
1162(28).**Napoleão Bonaparte** – Pascale Fautrier
1163.**Um corpo na biblioteca** – Agatha Christie
1164.**Inovação** – Mark Dodgson e David Gann
1165.**O que toda mulher deve saber sobre os homens: a afetividade masculina** – Walter Riso
1166.**O amor está no ar** – Mauricio de Sousa
1167.**Testemunha de acusação & outras histórias** – Agatha Christie
1168.**Etiqueta de bolso** – Celia Ribeiro
1169.**Poesia reunida (volume 3)** – Affonso Romano de Sant'Anna
1170.**Emma** – Jane Austen
1171.**Que seja em segredo** – Ana Miranda
1172.**Garfield sem apetite** – Jim Davis
1173.**Garfield: Foi mal...** – Jim Davis
1174.**Os irmãos Karamázov (Mangá)** – Dostoiévski
1175.**O Pequeno Príncipe** – Antoine de Saint-Exupéry
1176.**Peanuts: Ninguém mais tem o espírito aventureiro** – Charles M. Schulz
1177.**Assim falou Zaratustra** – Nietzsche
1178.**Morte no Nilo** – Agatha Christie
1179.**Ê, soneca boa** – Mauricio de Sousa
1180.**Garfield a todo o vapor** – Jim Davis
1181.**Em busca do tempo perdido (Mangá)** – Proust
1182.**Cai o pano: o último caso de Poirot** – Agatha Christie
1183.**Livro para colorir e relaxar** – Livro 1
1184.**Para colorir sem parar**
1185.**Os elefantes não esquecem** – Agatha Christie
1186.**Teoria da relatividade** – Albert Einstein
1187.**Compêndio da psicanálise** – Freud
1188.**Visões de Gerard** – Jack Kerouac
1189.**Fim de verão** – Mohiro Kitoh
1190.**Procurando diversão** – Mauricio de Sousa
1191.**E não sobrou nenhum e outras peças** – Agatha Christie
1192.**Ansiedade** – Daniel Freeman & Jason Freeman
1193.**Garfield: pausa para o almoço** – Jim Davis
1194.**Contos do dia e da noite** – Guy de Maupassant
1195.**O melhor de Hagar 7** – Dik Browne
1196(29).**Lou Andreas-Salomé** – Dorian Astor
1197(30).**Pasolini** – René de Ceccatty
1198.**O caso do Hotel Bertram** – Agatha Christie
1199.**Crônicas de motel** – Sam Shepard

1200.**Pequena filosofia da paz interior** – Catherine Rambert
1201.**Os sertões** – Euclides da Cunha
1202.**Treze à mesa** – Agatha Christie
1203.**Bíblia** – John Riches
1204.**Anjos** – David Albert Jones
1205.**As tirinhas do Guri de Uruguaiana 1** – Jair Kobe
1206.**Entre aspas (vol.1)** – Fernando Eichenberg
1207.**Escrita** – Andrew Robinson
1208.**O spleen de Paris: pequenos poemas em prosa** – Charles Baudelaire
1209.**Satíricon** – Petrônio
1210.**O avarento** – Molière
1211.**Queimando na água, afogando-se na chama** – Bukowski
1212.**Miscelânea septuagenária: contos e poemas** – Bukowski
1213.**Que filosofar é aprender a morrer e outros ensaios** – Montaigne
1214.**Da amizade e outros ensaios** – Montaigne
1215.**O medo à espreita e outras histórias** – H.P. Lovecraft
1216.**A obra de arte na era de sua reprodutibilidade técnica** – Walter Benjamin
1217.**Sobre a liberdade** – John Stuart Mill
1218.**O segredo de Chimneys** – Agatha Christie
1219.**Morte na rua Hickory** – Agatha Christie
1220.**Ulisses (Mangá)** – James Joyce
1221.**Ateísmo** – Julian Baggini
1222.**Os melhores contos de Katherine Mansfield** – Katherine Mansfield
1223(31).**Martin Luther King** – Alain Foix
1224.**Millôr Definitivo: uma antologia de *A Bíblia do Caos*** – Millôr Fernandes
1225.**O Clube das Terças-Feiras e outras histórias** – Agatha Christie
1226.**Por que sou tão sábio** – Nietzsche
1227.**Sobre a mentira** – Platão
1228.**Sobre a leitura** *seguido do* **Depoimento de Céleste Albaret** – Proust
1229.**O homem do terno marrom** – Agatha Christie
1230(32).**Jimi Hendrix** – Franck Médioni
1231.**Amor e amizade e outras histórias** – Jane Austen
1232.**Lady Susan, Os Watson e Sanditon** – Jane Austen
1233.**Uma breve história da ciência** – William Bynum
1234.**Macunaíma: o herói sem nenhum caráter** – Mário de Andrade
1235.**A máquina do tempo** – H.G. Wells
1236.**O homem invisível** – H.G. Wells
1237.**Os 36 estratagemas: manual secreto da arte da guerra** – Anônimo
1238.**A mina de ouro e outras histórias** – Agatha Christie
1239.**Pic** – Jack Kerouac
1240.**O habitante da escuridão e outros contos** – H.P. Lovecraft
1241.**O chamado de Cthulhu e outros contos** – H.P. Lovecraft
1242.**O melhor de Meu reino por um cavalo!** – Edição de Ivan Pinheiro Machado
1243.**A guerra dos mundos** – H.G. Wells
1244.**O caso da criada perfeita e outras histórias** – Agatha Christie
1245.**Morte por afogamento e outras histórias** – Agatha Christie
1246.**Assassinato no Comitê Central** – Manuel Vázquez Montalbán
1247.**O papai é pop** – Marcos Piangers
1248.**O papai é pop 2** – Marcos Piangers
1249.**A mamãe é rock** – Ana Cardoso
1250.**Paris boêmia** – Dan Franck
1251.**Paris libertária** – Dan Franck
1252.**Paris ocupada** – Dan Franck
1253.**Uma anedota infame** – Dostoiévski
1254.**O último dia de um condenado** – Victor Hugo
1255.**Nem só de caviar vive o homem** – J.M. Simmel
1256.**Amanhã é outro dia** – J.M. Simmel
1257.**Mulherzinhas** – Louisa May Alcott
1258.**Reforma Protestante** – Peter Marshall
1259.**História econômica global** – Robert C. Allen
1260(33).**Che Guevara** – Alain Foix
1261.**Câncer** – Nicholas James
1262.**Akhenaton** – Agatha Christie
1263.**Aforismos para a sabedoria de vida** – Arthur Schopenhauer
1264.**Uma história do mundo** – David Coimbra
1265.**Ame e não sofra** – Walter Riso
1266.**Desapegue-se!** – Walter Riso
1267.**Os Sousa: Uma famíla do barulho** – Mauricio de Sousa
1268.**Nico Demo: O rei da travessura** – Mauricio de Sousa
1269.**Testemunha de acusação e outras peças** – Agatha Christie
1270(34).**Dostoiévski** – Virgil Tanase
1271.**O melhor de Hagar 8** – Dik Browne
1272.**O melhor de Hagar 9** – Dik Browne
1273.**O melhor de Hagar 10** – Dik e Chris Browne
1274.**Considerações sobre o governo representativo** – John Stuart Mill
1275.**O homem Moisés e a religião monoteísta** – Freud
1276.**Inibição, sintoma e medo** – Freud
1277.**Além do princípio de prazer** – Freud
1278.**O direito de dizer não!** – Walter Riso
1279.**A arte de ser flexível** – Walter Riso
1280.**Casados e descasados** – August Strindberg
1281.**Da Terra à Lua** – Júlio Verne
1282.**Minhas galerias e meus pintores** – Kahnweiler

1283.**A arte do romance** – Virginia Woolf
1284.**Teatro completo v. 1: As aves da noite *seguido de* O visitante** – Hilda Hilst
1285.**Teatro completo v. 2: O verdugo *seguido de* A morte do patriarca** – Hilda Hilst
1286.**Teatro completo v. 3: O rato no muro *seguido de* Auto da barca de Camiri** – Hilda Hilst
1287.**Teatro completo v. 4: A empresa *seguido de* O novo sistema** – Hilda Hilst
1289.**Fora de mim** – Martha Medeiros
1290.**Divã** – Martha Medeiros
1291.**Sobre a genealogia da moral: um escrito polêmico** – Nietzsche
1292.**A consciência de Zeno** – Italo Svevo
1293.**Células-tronco** – Jonathan Slack
1294.**O fim do ciúme e outros contos** – Proust
1295.**A jangada** – Júlio Verne
1296.**A ilha do dr. Moreau** – H.G. Wells
1297.**Ninho de fidalgos** – Ivan Turguêniev
1298.**Jane Eyre** – Charlotte Brontë
1299.**Sobre gatos** – Bukowski
1300.**Sobre o amor** – Bukowski
1301.**Escrever para não enlouquecer** – Bukowski
1302.**222 receitas** – J. A. Pinheiro Machado
1303.**Reinações de Narizinho** – Monteiro Lobato
1304.**O Saci** – Monteiro Lobato
1305.**Memórias da Emília** – Monteiro Lobato
1306.**O Picapau Amarelo** – Monteiro Lobato
1307.**A reforma da Natureza** – Monteiro Lobato
1308.**Fábulas *seguido de* Histórias diversas** – Monteiro Lobato
1309.**Aventuras de Hans Staden** – Monteiro Lobato
1310.**Peter Pan** – Monteiro Lobato
1311.**Dom Quixote das crianças** – Monteiro Lobato
1312.**O Minotauro** – Monteiro Lobato
1313.**Um quarto só seu** – Virginia Woolf
1314.**Sonetos** – Shakespeare
1315(35).**Thoreau** – Marie Berthoumieu e Laura El Makki
1316.**Teoria da arte** – Cynthia Freeland
1317.**A arte da prudência** – Baltasar Gracián
1318.**O louco *seguido de* Areia e espuma** – Khalil Gibran
1319.**O profeta *seguido de* O jardim do profeta** – Khalil Gibran
1320.**Jesus, o Filho do Homem** – Khalil Gibran
1321.**A luta** – Norman Mailer
1322.**Sobre o sofrimento do mundo e outros ensaios** – Schopenhauer
1323.**Epidemiologia** – Rodolfo Sacacci
1324.**Japão moderno** – Christopher Goto-Jones
1325.**A arte da meditação** – Matthieu Ricard
1326.**O adversário secreto** – Agatha Christie
1327.**Pollyanna** – Eleanor H. Porter
1328.**Espelhos** – Eduardo Galeano
1329.**A Vênus das peles** – Sacher-Masoch
1330.**O 18 de brumário de Luís Bonaparte** – Karl Marx
1331.**Um jogo para os vivos** – Patricia Highsmith
1332.**A tristeza pode esperar** – J.J. Camargo
1333.**Vinte poemas de amor e uma canção desesperada** – Pablo Neruda
1334.**Judaísmo** – Norman Solomon
1335.**Esquizofrenia** – Christopher Frith & Eve Johnstone
1336.**Seis personagens em busca de um autor** – Luigi Pirandello
1337.**A Fazenda dos Animais** – George Orwell
1338.**1984** – George Orwell
1339.**Ubu Rei** – Alfred Jarry
1340.**Sobre bêbados e bebidas** – Bukowski
1341.**Tempestade para os vivos e para os mortos** – Bukowski
1342.**Complicado** – Natsume Ono
1343.**Sobre o livre-arbítrio** – Schopenhauer
1344.**Uma breve história da literatura** – John Sutherland
1345.**Você fica tão sozinho às vezes que até faz sentido** – Bukowski
1346.**Um apartamento em Paris** – Guillaume Musso
1347.**Receitas fáceis e saborosas** – José Antonio Pinheiro Machado
1348.**Por que engordamos** – Gary Taubes
1349.**A fabulosa história do hospital** – Jean-Noël Fabiani
1350.**Voo noturno *seguido de* Terra dos homens** – Antoine de Saint-Exupéry
1351.**Doutor Sax** – Jack Kerouac
1352.**O livro do Tao e da virtude** – Lao-Tsé
1353.**Pista negra** – Antonio Manzini
1354.**A chave de vidro** – Dashiell Hammett
1355.**Martin Eden** – Jack London
1356.**Já te disse adeus, e agora, como te esqueço?** – Walter Riso
1357.**A viagem do descobrimento** – Eduardo Bueno
1358.**Náufragos, traficantes e degredados** – Eduardo Bueno
1359.**Retrato do Brasil** – Paulo Prado
1360.**Maravilhosamente imperfeito, escandalosamente feliz** – Walter Riso
1361.**É...** – Millôr Fernandes
1362.**Duas tábuas e uma paixão** – Millôr Fernandes
1363.**Selma e Sinatra** – Martha Medeiros
1364.**Tudo que eu queria te dizer** – Martha Medeiros
1365.**Várias histórias** – Machado de Assis
1366.**A sabedoria do Padre Brown** – G. K. Chesterton
1367.**Capitães do Brasil** – Eduardo Bueno
1368.**O falcão maltês** – Dashiell Hammett
1369.**A arte de estar com a razão** – Arthur Schopenhauer
1370.**A visão dos vencidos** – Miguel León-Portilla

lepmeditores

www.lpm.com.br

o site que conta tudo

IMPRESSÃO:

PALLOTTI
GRÁFICA

Santa Maria - RS | Fone: (55) 3220.4500
www.graficapallotti.com.br